Peter Schultz

Ansgar Brinkmann

Wenn ich du wäre, wäre ich lieber ich

Peter Schultz

Ansgar Brinkmann

Wenn ich du wäre, wäre ich lieber ich

VERLAG DIE WERKSTATT

Der Autor

Peter Schultz ist seit 20 Jahren als Journalist für Radio, TV und im Netz aktiv. Er ist Fußballfreund im Allgemeinen und Fan von Arminia Bielefeld im Besonderen. Für 1Live berichtet er regelmäßig über Fußball und ist Erfinder der Kolumne »Der weiße Brasilianer«.

www.facebook.com/weisserbrasilianer

Fotonachweis

Oliver Hugo: Cover, S. 2, 5.
Privat Peter Schultz: S. 4, 7.
Privat Ansgar Brinkmann: S. 9, 13, 19, 37, 44, 45, 58, 59, 84, 97, 100, 103, 122, 140, 142, 147, 151 (2), 153, 155, 177, 183, 191.
Imago: S. 29, 33, 35, 54, 132, 184.
Fritz Rust: S. 61, 68, 89, 120, 144, 167.

Bibliografische Information der Deutschen Nationalbibliothek:
Die Deutsche Nationalbibliothek verzeichnet diese Publikation in der Deutschen Nationalbibliografie; detaillierte bibliografische Daten sind im Internet über http://dnb.d-nb.de abrufbar.

Lotzestraße 22a, D-37083 Göttingen
www.werkstatt-verlag.de

Satz und Gestaltung: Die Werkstatt Medien-Produktion GmbH
Druck und Bindung: Grafisches Centrum Cuno GmbH & Co. KG

ISBN 978-3-7307-0325-0

Vorwort

Manchmal muss ich mich immer noch selbst zwicken. So wie neulich an einem Sonntagvormittag. An meinem Esszimmertisch in Köln sitzt Ansgar Brinkmann und meckert grinsend, dass ihm mein Kaffee zu dünn ist: »Was kannst du überhaupt, du Opfer?!« Ganz schön dreist für einen, der sich erst eine Stunde vorher selbst zu diesem Kaffee eingeladen hat. »Was willst du, du Penner?!«, antworte ich. Wir lachen.

Gefühlt war es erst vorgestern, dass ich in Block 5 auf der Bielefelder Alm stand und bei der Verkündung der Mannschaftsaufstellung gemeinsam mit 20.000 anderen ein »Fußballgott!« an Ansgars Namen hing.

Jetzt sind Ansgar und ich ein Team, und das schon seit fast vier Jahren. So lange hat er es in seiner Zeit als Fußballprofi bei keinem Verein ausgehalten.

Ende 2012 suchte 1Live einen Fußballkolumnisten für den Samstagvormittag. Anforderungsprofil: Er muss sich im Fußball auskennen, darf kein Blatt vor den Mund nehmen, soll aus dem Nähkästchen plaudern. Ein Prominenter sollte es sein, den auch Nicht-Fußballfans kennen. 80 Länderspiele und ein paar Titel könnten auch nicht schaden – und natürlich muss er aus dem Sendegebiet stammen oder zumindest beim BVB oder Schalke gespielt haben.

Merkt ihr selbst …

Mein Gegenvorschlag:

Einer, der im Profifußball alles erlebt hat, mehr Vereinswechsel als Titel, 38 Trainer. Einer, der in allen Ligen gespielt hat, einer ohne Mikrofonallergie. Und einer, der Tacheles redet. Ansgar Brinkmann!

Als Fan kannte ich natürlich schon einige der Geschichten, die den Mythos Ansgar begründen.

Das einzige Problem: Ansgar ist kein glamouröser Prominenter mit Villa, Beraterstab und Rolex. Er hätte am Ende seiner Karriere eigentlich 80 Länderspiele haben müssen, de facto steht aber in

dieser Statistik eine Null. Meister war er auch nie und sein Ferrari ist ein klappriger Geländewagen.

»Den kennt doch keiner mehr«, meinte einer meiner Redakteure. Ich sagte: »Wartet es ab«, und verabredete mich mit Ansgar in Bielefeld, um einen sogenannten Dummy zu produzieren.

Felix Magath war gerade in Wolfsburg gefeuert worden. Das Thema lag auf der Hand. Und Ansgar war sofort »on Fire«: »Ich habe selbst unter Magath trainiert, in Frankfurt. Braucht kein Mensch.«

Die erste Aufzeichnung fand in Ansgars »Studio« statt, der »Wunderbar« in Bielefeld, unter allen O-Tönen leichte Kneipenatmosphäre. Nach einer halben Stunde war der Dummy im Kasten und ich schon wieder auf dem Weg nach Köln.

Zwei Tage später Premiere für die Kollegen:

Felix Magath darf sich natürlich nicht wundern, dass er letztendlich überall gehen musste. In München, in Wolfsburg, auf Schalke.

So, wie der seine Spieler behandelt … Wenn du deinen eigenen Hund so behandelst, dann beißt er dich irgendwann, das ist mal sicher. Die Personalpolitik von Felix Magath ist ja wirklich ein Wahnsinn. Irgendjemand hätte ihm mal sagen müssen, dass er eine Mannschaft zusammenstellen soll – und keine Lichterkette.

Heutzutage musst du Spieler auch mit Respekt behandeln. Wenn du da als Spieler in die Kabine kommst und der Trainer dich ignoriert und kein Wort mit dir redet, kommt das nicht so gut an. So behandelt man Spieler nicht, so behandelt man niemanden.

Irgendwann würde ich ihm sagen: »Pass mal auf, Felix, du kannst mich entlassen, du kannst mich auf die Tribüne setzen, aber wenn ich keinen Respekt bekomme, dann hau ich dir auf die Brille, du Penner!«

Für einen solchen Trainer gehst du definitiv nicht mehr durchs Feuer, das ist mal sicher.

Felix Magath war erfolgreich beim FC Bayern. Aber bei so einer Mannschaft kannst du auch den Busfahrer auf die Bank setzen, da wirst du immer Erster oder Zweiter. Das sollte dem Felix auch mal jemand sagen.

Was man ihm allerdings zugute halten muss: Er hat einen hohen Unterhaltungswert. Ich glaube, dass wir uns deswegen alle freuen würden, wenn er demnächst wieder einen Job in der Bundesliga bekommt und weiterhin die Spieler quälen darf.

Die ganze Folge durchsetzt mit Ansgars leicht wirrem, aber ansteckendem Lachen.

Die Meinung der Kollegen einhellig: Für ein halbes Jahr können wir es ja mal versuchen.

Aus dem halben Jahr sind inzwischen vier geworden. Und jetzt sogar ein Buch. Felix Magath quält derweil Spieler in China.

Peter Schultz, im März 2017

AUFM PLATZ

DAVID GEGEN GOLIATH

#DFB-Pokal #FranckRibéry #FCB #BSVRehden

Die Fans lieben den DFB Pokal. Hier heißt es oft: David gegen Goliath – und jeder rechnet natürlich mit dem Sieg des Favoriten. Und dann kommst du als gestandener Profi in so ein Dorf, wo gleich am Stadiontor schon der erste Rentner mit dem Handstock steht und dich bedroht. »Scheißmillionäre!«, brüllt er. Eine ganz komische Stimmung herrscht dort – und meistens sind alle gegen dich. Aber noch denkst du dir nichts dabei.

Wenn das Spiel gegen die Amateure dann beginnt, merkst du irgendwann, dass der Anwalt, der Dachdecker, der Polizist, der Feuerwehrmann auf der Gegenseite sich in jeden Ball reinschmeißt, dass sie alle um ihr Leben rennen, als gäb's kein Morgen mehr. Und wenn dann plötzlich schon die 70. Minute läuft und es immer noch 0:0 steht – dann fängst du als Profi an nachzudenken: »Vorsicht, hier stimmt heute was nicht!«

Die da gegenüber, deine Gegenspieler, die sind richtig leidenschaftlich.

BSV Rehden trifft jetzt auf den FC Bayern. Das ist für die Rehdener das Spiel ihres Lebens. Das ist für die wie Weihnachten, Ostern und Geburtstag an einem Tag, das ist alles auf einmal.

Und dann steht irgendwann dieser Ribéry vor dir, den du nur aus dem Fernsehen kennst und der beinahe sogar Weltfußballer geworden wäre.

Ein Typ wie Ribéry sollte an so einem Tag vielleicht nicht so viel dribbeln, denn: Niemand will verarscht werden, egal in welcher Liga er spielt.

Verarscht zu werden macht dich sauer, das macht dich aggressiv. Aber Ribéry wird darüber nicht nachdenken, der kann nicht anders.

Doch was bewirkt das bei deinem Gegner, wenn du ihn lächerlich machst – wozu ein Ribéry natürlich jederzeit in der Lage ist? Was bewirkt das beim Feuerwehrmann, beim Metzger, beim Polizisten auf der Gegenseite? Der sagt sich doch: »Den wichs ich gleich um, diesen Weltstar! Dem hau ich jetzt mal richtig auf die Socken! Es steht schon fünf zu null und der will mich immer noch verarschen …«

Aber vielleicht sagt der Trainer dem Ribéry das vorher noch mal. So nach dem Motto: Pass auf, heute musst du hier keinem beweisen, dass du Fußball spielen kannst. Das weiß ohnehin schon die ganze Welt! Besser wäre es – für die Gesundheit des Weltstars.

BSV Rehden hat das Spiel gegen den FC Bayern mit 0:5 verloren. Franck Ribéry wurde sicherheitshalber 90 Minuten auf der Bank gelassen.

DER TRAUM VON DER BUNDESLIGA

#FCB #EintrachtFrankfurt #ArminiaBielefeld #FranzBeckenbauer

Wenn du vier oder fünf Jahre alt bist, und du siehst dein erstes Bundesliga-Spiel, egal ob in Bayern oder in Hamburg, in Bremen oder in Gladbach, auf Schalke oder in Dortmund vor 80.000. Wenn du die Spieler laufen siehst – dann hast du einen Lebenstraum: Da willst du auch mal spielen. Du willst das alles mal live auf dem Platz erleben.

Das ist auf diesem Planeten noch was ganz Besonderes.

Die Bundesliga ermöglicht einem Dinge, von denen man nicht mal zu träumen gewagt hat. Ich durfte beispielsweise ins »aktuelle sportstudio«. Und da saß Franz Beckenbauer neben mir und fragte mich: »Herr Brinkmann, was war denn bei Ihnen in Frankfurt heute los?«

Da sage ich: »Herr Beckenbauer, das kann ich Ihnen wirklich nicht sagen, das muss ich morgen auch noch mal genau recherchieren.«

Danach habe ich erst mal alle meine Freunde angerufen und denen erzählt: »Leute! Gott hat mit mir gesprochen!«

Franz Beckenbauer, das ist einer meiner Helden, und der saß auf einmal neben mir!

Mein erstes Spiel mit Eintracht Frankfurt gegen die Bayern war natürlich auch so ein Traum. Die Bayern galten damals wie heute als fast unschlagbar. Wir haben sie dann zu Hause besiegt, 1:0. Das ist ein Moment, den ich nie vergessen werde.

August
10
2013

Mit Arminia Bielefeld habe ich dann in München 2:6 verloren. Im Anschluss hat mich ein Reporter gefragt, wie schlimm diese Niederlage für mich wäre. Ich habe geantwortet: »Gar nicht schlimm. Wir haben die Bayern schön verarscht. Die haben wirklich geglaubt, die können uns zehn Stück geben!«

Gegen die Bayern darf man und kann man verlieren.

Gegen Bayern zu gewinnen, das passiert nicht allzu vielen. Ich kenne Profis, die haben zwölf Jahre Bundesliga gespielt und es nicht ein einziges Mal geschafft.

Ansgar und der Kaiser

WENN NIX MEHR GEHT

#ArminiaBielefeld #Mainz05 #BennoMöhlmann

Alvaro Dominguez von Borussia Mönchengladbach hat es fertiggebracht, innerhalb von einer Minute zwei Elfmeter zu verursachen. Ich glaube, das ist Weltrekord. Einen Elfmeter zu verursachen ist im Prinzip schon eine Katastrophe. Aber zehn Sekunden später gleich noch einen verschulden?

In so einem Moment stehst du auf dem Platz und denkst wahrscheinlich, dass es besser gewesen wäre, an diesem Tage einfach nicht aufzustehen, sondern im Bett zu bleiben. Oder du willst dich vergraben, aber das geht natürlich nicht.

Alle haben es gesehen, alle Kameras waren drauf.

Und das wirst du in einem Spiel auch nicht mehr los, auch psychisch nicht. Daran denkst du permanent.

Es gibt so Spiele, da wäre man wirklich lieber im Bett geblieben.

Ich habe mal mit Arminia Bielefeld gegen Mainz gespielt, unser Trainer war Benno Möhlmann. Ich stand in der ersten Halbzeit total neben mir. In der Pause hat Möhlmann zu mir gesagt: »Du, Ansgar, ich weiß nicht, wo du mit deinen Gedanken bist, aber du bleibst jetzt mal draußen.«

Und da habe ich gesagt: »Trainer, ich bleibe auf gar keinen Fall draußen, ich habe hier mal gespielt, der Jürgen Klopp ist der Trainer, und der war früher mein Mitspieler. Ich bleibe auf dem Platz.« Dann mischte sich Detlev Dammeier ein und sagte: »Ansgar, du kannst doch nicht so mit dem Trainer reden.«

Darauf hab ich geantwortet: »Detlev, wenn ich nicht mit dem Trainer reden würde, dann wärst du gar nicht im Kader.«

Benno Möhlmann gab auf und sagte: »Okay, Ansgar! Spiel weiter. Dirk van der Ven, dann bleiben Sie draußen.«

Ich bin dann also nach der Halbzeit wieder rauf auf den Platz. Zwei Minuten nach Anpfiff war ich aber doch zurück in der Kabine. Dirk van der Ven stand schon unter der Dusche und fragte mich: »Na Ansgar, hat er dich doch ausgewechselt?«

Darauf konnte ich nur erwidern: »Nein, Rot!«

Also das sind so Tage, wo dann nichts, aber auch gar nichts mehr geht.

Der Trainer hat erst mal drei Tage nicht mehr mit mir gesprochen.

In Mainz hatte ich mal einen Mitspieler, der stand oft neben sich, weil er Schlafstörungen hatte. Die hat er mit Schlaftabletten bekämpft. Um vor dem Spiel wieder wach zu werden, nahm er Vitamintabletten. Einmal hat er die dann verwechselt. Die Schlaftabletten müssen eine ziemliche Dröhnung gehabt haben, so hat er jedenfalls gespielt. Der ist in den 90 Minuten nicht mehr wach geworden. Das war wirklich legendär, weil der da echt 90 Minuten schlafwandlerisch über den Platz gelaufen ist. Den Tag würdest du dann auch am liebsten sofort aus deinem Leben streichen. Und ihm ist das dank der Tabletten wahrscheinlich sogar gelungen.

WENN FANS ALARM MACHEN

#EintrachtFrankfurt #BVB #ArminiaBielefeld #Fans

Fans sind das Salz in der Suppe.

Ich meine, wenn du ein Tor schießt, dann rennst du ja nicht in die VIP-Loge, sondern zu den Fans, weil die einfach eine geile Stimmung machen. Und dafür spielen wir alle Fußball. Das ist ein Gefühl, das dich fliegen lässt.

Manchmal stehen Fans auch mal vor deiner Haustür oder bekommen deine Telefonnummer raus. Das finde ich alles nicht schlimm. Wenn es dann an der Tür klingelt, fragst du: »Wer da?« Dann sagt da einer: »Hier sind Jungs von der Eintracht« – und ja, dann machst du auf, ist doch selbstverständlich. Das zeigt den Respekt, den du vor den Fans hast.

Wenn die Jungs nach oben kommen, dann trinken wir einen Tee zusammen oder auch mal ein Bier. Anschließend gehen sie zufrieden nach Hause und sehen, dass wir Spieler das wertschätzen, was Fans für die Mannschaft tun.

Wenn du ein Heimspiel mit den eigenen Fans im Rücken hast – und das habe ich oft erlebt, beispielsweise in Bielefeld, in Mainz, in Münster, bei Eintracht Frankfurt –, dann puschen dich 60.000 nach vorne, auch wenn wir mal nicht so gut gespielt haben.

Selbst wenn es mal nicht lief, haben sie uns unterstützt, und dafür braucht man ja Fans. Du bist kaputt, du bist eigentlich völlig fertig, aber du läufst weiter, weil du dir sagst, du kannst jetzt nicht stehen bleiben, du musst weiterkämpfen, weil diese Stimmung, diese Fans einfach überwältigend sind. Das bekommst du als Spieler auf dem Platz definitiv mit.

Auch auswärts. Ich erinnere mich an mein erstes Spiel in Dortmund vor dieser gelben Wand, die wirklich Alarm macht. Dein Mitspieler steht sechs Meter neben dir. Du schreist, du rufst, und der kann dich einfach nicht hören, weil die Fans so laut sind.

Da kannst du dich nur noch per Zeichensprache verständigen. Also das ist schon sensationell, ich kriege heute noch eine Gänsehaut, wenn ich daran denke.

TRASHTALK!

#VfLOsnabrück #JensJeremies #NealeMarmon

169 Spiele für den VfL Osnabrück – Neale Marmon hat Eindruck hinterlassen, nicht nur beim jungen Ansgar Brinkmann. Ein Fußballer der Sorte hart wie Stahlbeton. Wahrscheinlich wäre er heutzutage ein ernst zu nehmender Kandidat für den Rote-Karten-Rekord. Die doppeltgesprungene Blutgrätsche gehörte zum Standard-Repertoire des beinharten Engländers. Nach einem besonders schönen Exemplar lief Marmon einst zu Kult-Schiri Wolf-Dieter Ahlenfelder, um sich mit den Worten: »Sorry, Schiri, das war englische Härte« vor einer Verwarnung zu drücken. Ahlenfelder antwortete trocken: »Und das ist eine deutsche Gelbe Karte.«

Es geht immer mal zur Sache in so einem Fußballspiel. Da fallen auch Worte, die kein Mensch braucht. Irgendwie gehört das ein bisschen zum Fußball dazu.

Neale Marmon war in der zweiten Liga beim VfL Osnabrück ein Verteidiger mit Kultstatus. Wenn man mit dem Gegner im Tunnel, also im Kabinengang, zusammenstand, hat der wirklich vor jedem Spiel zu seinem Gegenspieler gesagt: »Du fucking Bastard, ich breche dir beide Beine und wenn du in meinen Sechzehner kommst, bist du tot.«

Das hat der wirklich jedem Gegenspieler gesagt, und ein paar haben anschließend gezittert wie Espenlaub. Also, ich kann mich da an ein paar Spieler erinnern, die haben den Sechzehner gemieden wie der Teufel das Weihwasser.

Jens Jeremies zum Beispiel, der hätte zu mir sagen können, was er will. Den hätte ich auf gar keinen Fall zurückbeleidigt. Weil: Jens Jeremies, das war ein Wahnsinniger. Ex-National-

Oktober
05
2013

spieler, Kultspieler des FC Bayern auf der Sechs, mit das Beste, was ich gesehen habe. Und einen Jens Jeremies provozierst du besser nicht, weil der dich sonst auffrisst, das ist mal sicher! In der Champions League hat Jens mal irgendeinen Topstar kurz vor der Mittellinie voll umgekloppt, und dann hat er ihm gesagt: »Das hier Mittellinie. Bis hier ist gut! Hier drüber: Aua!«

Und okay, der sagt das nicht nur, der tut dir weh. Und so einen provozierst du nicht, da machst du 'nen Bogen drum.

Stefan Holz war auch so einer. Gut, das war in der zweiten Liga, aber den Trashtalk beherrschte er wie kaum ein anderer. Irgendwann hat der dann mal für Braunschweig gespielt, und als wir uns im Punktspiel trafen, da sagte er zu mir: »Wenn ich jetzt 'ne Ritter Sport im Stutzen hab, krieg ich nach dem Spiel 100 Euro von dir?«

Darauf hab ich gesagt: »Ja, und wenn nicht, krieg ich 200.«

Ich habe das für einen Scherz gehalten. Kurz vor Schluss gibt es Ecke für Braunschweig. Das Spiel war eng, und ich ging mit nach hinten, um zu verteidigen. Auf einmal steht Stefan Holz neben mir und drückt mir eine Ritter Sport in die Hand. Die Ecke kommt rein, und ich steh da mit 'ner Ritter Sport in der Hand. Die Ecke habe ich komplett verpasst, fast hätte es eingeschlagen.

100 Euro hat mich der Scheiß auch noch gekostet, und die Schokolade musste ich dann wegwerfen, weil das Spiel noch nicht zu Ende war.

Aber wenn der Schiedsrichter abpfeift, dann gibt man sich die Hand, guckt sich in die Augen und sagt: »Hey, das ist Fußball!«

Wir wollen gewinnen, und die anderen wollen gewinnen – und manchmal ist halt jedes Mittel recht.

GROSSE FRESSE

#ZlatanIbrahimović #DiegoMaradona #JensLehmann

Zlatan Ibrahimović hat Leverkusen mit dem schwachen linken Fuß so gut wie aus der Champions League befördert. Ballert der das Ding mal eben oben rechts rein.

Natürlich hat Zlatan eine große Fresse, ist ein Freigeist. Aber wer so Fußball spielt, der darf das. Zlatan kann es sich sogar erlauben, auf dem Parkplatz seines Vereinspräsidenten zu parken. Als er das ausprobierte, kam der Adjutant des Präsidenten in die Kabine und meinte, Zlatan müsse unbedingt den Präsidentenparkplatz freimachen. Daraufhin hat Zlatan nur gesagt: »Jungs, wenn ich direkt in die Kabine hätte fahren können, dann hätte ich das gemacht.« Und dann hat er zum Adjutanten gesagt: »Und jetzt geh mal aus der Sonne, du langweilst mich, ich will trainieren.«

Das ist Zlatan. Wenn der irgendwo keine Wohnung findet und in einem Hotel schlafen muss, dann kauft er eben das Hotel.

Zlatan ist ein bisschen verrückt, aber er unterhält uns alle, und sportlich ist der Junge natürlich. Wahnsinn.

Genau wie Maradona. Der hat mal auf die Frage, ob er spielt oder nicht, geantwortet: Das entscheidet nicht der Trainer, sondern Gott und ich. Eigentlich komisch, dass er nicht gesagt hat »ich und Gott«.

Diego Maradona darf das.

Jens Lehmann hatte auch immer eine große Klappe auf dem Platz. Was der mir alles an den Kopf geschmissen hat innerhalb von 90 Minuten, das war wirklich verrückt.

Der hat seine Gegner oft schon vor dem Spiel in der Zeitung beleidigt, und dann noch mal auf dem Platz.

Lehmann hatte aber auch oft gute Sprüche. Zu mir hat er während des Spiels gesagt: »Geh mal zum Friseur, du siehst doch gar nichts mehr, du hast die Haare eh zu lang.«

Ich habe geantwortet: »Red' nicht so viel über Fußball, es wird einen Grund haben, warum du Handschuhe anhast.« Mit Jens Lehmann war es immer sehr, sehr unterhaltsam auf dem Platz.

Andere gehen einem mehr auf die Nerven.

Einmal hat mich ein gegnerischer Trainer 20 Minuten am Stück beschimpft. Der hat mir jedes Mal, wenn ich an ihm vorbeigelaufen bin, ein Gespräch aufgezwungen.

Irgendwann bin ich geplatzt: »Mann, Trainer ... Hab ich 'ne Null gewählt, dass du andauernd mit mir sprichst? Nein? Also setz dich!«

Der war danach ziemlich perplex und auch wirklich ruhig. Zu einem anderen Gegenspieler, der mir auf den Wecker ging, habe ich mal gesagt: »Wenn ich du wäre, wäre ich lieber ich.« Auch danach war endlich Ruhe.

Eine große Klappe gehört zum Profifußball dazu.

PIPI!

#JürgenKlopp #JensLehmann #OliverKahn

Trainer sind auch nur Menschen, was man an Jürgen Klopp sehr gut sehen konnte. Mitten in der Pressekonferenz sagt er tatsächlich, er müsse jetzt mal für kleine Trainer und verlasse deshalb die Pressekonferenz.

Plötzlicher Harndrang passiert nicht nur Jürgen Klopp, da gibt's noch ganz andere Beispiele, wo Spieler es auf dem Platz nicht mehr aushalten: Jens Lehmann hat es mitten in einem Champions-League-Spiel erwischt. Als der Druck zu groß wurde, hat er sich überlegt, okay, bevor ich jetzt hier im Tor stehen bleibe und mir in die Hose pinkle, springe ich mal lieber schnell über die Werbebande hinter mir.

Wohlgemerkt, das Spiel lief noch, und Lehmann hockt sich hinter die Bande und macht Pipi. Das ist schon eine Nummer. Da muss die Not richtig groß sein, bevor du so eine Aktion startest. Man stelle sich vor, Lehmann bekäme in dieser Situation ein Gegentor, während er hinter der Bande pinkelt!

Jens Lehmann behauptet heute noch, er habe nicht hinter die Bande gemacht. 80.000 Menschen im Stadion haben was anderes gesehen. Aus dieser Nummer käme nicht mal mehr MacGyver raus – und Lehmann schon gar nicht.

Beim Afrika-Cup an der Elfenbeinküste hat ein Spieler aber wirklich den Vogel abgeschossen: Kurz vorm Elfmeterschießen kniet der sich am Mittelkreis hin, lässt laufen – und das ganze Stadion schaut zu! Jetzt mal bei aller Liebe, so jemanden musst du doch einweisen!

April
19
2014

Man könnte ja, wie Lehmann es tat, Schutz hinter einer Bande suchen, man sollte es zumindest versuchen.

Ganz andere Erfahrungen hat Oliver Kahn mit Pipi gemacht. Er ist als sehr junger Torwart in Karlsruhe mal in der Dusche von einem älteren Spieler angepinkelt worden.

Wir reden über Oliver Kahn! Zehn Jahre später hätte er diesen Typen erwürgt!

Aber zu der Zeit hatten jüngere Spieler gar nichts zu sagen. Ältere Spieler gaben den Ton an, egal wie gut oder schlecht sie waren.

Wer auch immer Oli Kahn angepinkelt hat – er kann jedenfalls froh sein, dass der »Vulkahn« damals noch nicht ausgebrochen ist. Hätte böse enden können!

Jens Lehmann erleichtert sich während eines Spiels hinter der Bande – gut sichtbar für Kameras und Zuschauer.

DEBÜ-TANTEN

#FCB **#StefanEffenberg** **#LotharMatthäus**

Bundesligastart. Das Fieber geht wieder los. Für einige Spieler bedeutet das aber auch, dass sie das erste Mal in ihrem Leben überhaupt Bundesliga spielen. Bei den Aufsteigern 1. FC Köln oder auch SC Paderborn sind ganz viele Jungs dabei, die sich jetzt beim Bundesligastart ihren Lebenstraum erfüllen.

Das erste Spiel in der höchsten Liga ist für jeden Profi ein Brett, das ist ganz großes Kino.

Ich habe mit 18 einen Vertrag in der 2. Liga unterschrieben, beim VfL Osnabrück. Dann musste ich allerdings noch zehn Jahre warten, bis ich endlich in der Bundesliga spielen durfte. Hin und wieder stand ich mal auf der Einkaufsliste der Bundesligisten, aber keiner hat mich geholt. Irgendwann habe ich mich dann auch gefragt, was die ganzen 18 Manager der Bundesliga machen? Waren die alle blind?

Es kam mir sogar der Gedanke, dass ich vielleicht irgendwas verkehrt mache. Aber am Ende hat es ja doch noch geklappt.

Wenn du das erste Mal gegen den FC Bayern spielst und du im Kabinengang stehst, neben dir siehst du Lothar Matthäus und Stefan Effenberg – Weltfußballer, Weltmeister – stehen, dann guckst du mal kurz rüber und denkst: Oh Mann, Respekt.

Wie sollen wir denn gegen die gewinnen?

Aber genau deswegen haben wir als Kinder alle mal angefangen, Fußball zu spielen. Genau deswegen ist es ein Traum, der irgendwann mal wahr geworden ist. Damit du dich mit den Besten messen kannst.

Mir ist zugutegekommen, dass Selbstvertrauen schon immer mein Hobby war. Ich hatte keine Angst und habe schnell gemerkt, dass mir diese Weltstars nicht weglaufen können, und Fußball spielen kann ich auch.

Ein kleiner Tipp für alle Debütanten: Euer erstes Bundesligaspiel ist zwar wie fliegen, aber wenn ihr dann in München spielen müsst und die Aufstellung seht – mit Müller, Lahm und den anderen Weltmeistern in der Startformation – ganz ehrlich: Dann ist es besser, ihr seid nicht da.

Man muss auch mal zu Hause im Bett bleiben und ein Buch lesen. Ohne Scheiß.

Ansgar gegen Lothar Matthäus bei einem Hallenturnier

PROMI-BONUS

#ZlatanIbrahimović #StefanEffenberg #Dédé

Einige Fußballer sind wirklich gleicher als andere.

Zlatan Ibrahimović hat David Alaba vom FC Bayern den Ellbogen voll in die Fresse gehauen. Das war Kampfsport pur. Dunkelrot. Es gab aber nicht mal Gelb.

Da können nur zwei Faktoren zusammengekommen sein. Der Schiedsrichter hat sich wahrscheinlich gedacht: Wenn ich Ibrahimović Gelb oder Rot gebe, dann haut der mir auch auf die Fresse und ich lieg gleich neben Alaba.

Und dann kommt vielleicht noch hinzu, dass es der große Zlatan Ibrahimović war und dass er diesen Bonus eines Starspielers hat.

Ich erinnere mich an ein Pokalspiel, Mainz 05 gegen Borussia Mönchengladbach, und bei den Gladbachern war ein gewisser Stefan Effenberg im zentralen Mittelfeld.

Was der dem Schiedsrichter in diesem Spiel verbal um die Ohren geballert hat, dafür wären alle elf Mainzer vom Platz geflogen. Effenberg hat auf alles getreten, was sich bewegte. Das war schon Körperverletzung. Er hat fünf grobe Fouls begangen, normalerweise gehst du danach direkt vom Platz. Nach dem fünften hat der Schiedsrichter gesagt: »Also, Herr Effenberg, mal ein bisschen vorsichtiger im Zweikampf!«

Ich habe dann nur zum Schiedsrichter gesagt: »Hören Sie mal, Schiedsrichter, kann der Effenberg sich eigentlich alles erlauben?« Dafür habe ich direkt Gelb bekommen.

Mit Arminia habe ich mal in Dortmund gespielt. Mein Gegenspieler Dédé haute mich im Sechzehner um. Das haben wirklich alle 80.000 im Stadion gesehen, nur der Schiedsrichter nicht.

Ich hab mich aufgeregt, ich bin zum Schiedsrichter gelaufen und habe ihn zur Rede gestellt. Und dann hat der wirklich zu mir gesagt: »Ja, guck mal auf die Uhr, ich kann doch jetzt keinen Elfmeter mehr geben!«

Ich denke, wenn einer von Borussia Dortmund von einem Bielefelder kurz vor Abpfiff im Strafraum umgehauen worden wäre, hätte der Schiri direkt Elfmeter gegeben.

Dieter Hildebrandt hat mal gesagt: Dem Schiedsrichter zu widersprechen, das ist, als wenn man in der Kirche eine Diskussion anfängt.

Auf den Punkt gebracht!

ALS TABELLENFÜHRER NACH MÜNCHEN

#FCB #SCPaderborn #ArminiaBielefeld #BennoMöhlmann

Der Aufsteiger SC Paderborn ist als Tabellenführer zum großen FC Bayern gefahren. Ich kenne dieses Gefühl: Das ist ungefähr so, als wenn sich ein VW Käfer mit der S-Klasse messen muss.

Dass es in München eine Niederlage für Paderborn gibt, war klar.

Ich habe das Spiel mit Freunden geguckt, unter ihnen war auch ein Paderborner. Und der hat sich tatsächlich Hoffnungen auf eine Sensation gemacht, obwohl man eigentlich vorher weiß, dass es an diesem Tag auf die Fresse geben würde.

Genau das habe ich mal mit Arminia Bielefeld erlebt. Wir sind als Bundesliga-Tabellenführer nach München gefahren.

Die Arminia-Fans hatten ein Riesenbanner dabei, auf dem stand: »Der Spitzenreiter gibt sich die Ehre!« Als wir Spieler das gesehen haben, dachten wir nur: Ach du Scheiße, macht bitte alles, aber provoziert die Bayern nicht!

Wir sind dann ins Stadion eingelaufen mit so einer breiten Brust wie Bruce Willis zu seinen besten Zeiten. Und wenn du dann so auf die Fresse bekommst wie wir, dann marschierst du da raus wie der Wendler aus dem Dschungelcamp.

Irgendwann stand es 6:0 für die Bayern, die ersten Stars werden ausgewechselt, wir machen zwei Tore. Und ich höre Mehmet Scholl lachend von der Bank rufen: »Ansgar, jetzt seid ihr wieder dran! Nur noch vier!« Mein Trainer Benno Möhlmann rief mich zehn Minuten vor Spielende zur Außenlinie und erklärte: »Ansgar, ich wechsele dich jetzt aus.« Auswechseln war nie so mein Ding, ich wollte also lieber weiterspielen. Bis Benno Möhlmann zu mir sagte: »Ansgar, das Spiel gewinnen wir nicht mehr!« Da habe ich ihn angeguckt und es eingesehen: »Trainer, holen Sie mich hier raus!«

Ja, liebe Paderborner, ihr habt euch gut verkauft in München.

Aber ich denke, dass die Paderborner schlau und clever genug sind, dass sie wissen, dass es jetzt gegen den Abstieg geht.

Ostwestfälischer Humor: die Bielefelder Fans in München

Nach der Paderborner Klatsche gegen den FC Bayern ging es bergab mit dem Aufsteiger. Am Ende stand der Abstieg. Übrigens eine Parallele zu den Nachbarn aus Bielefeld. Auch die Arminia stieg ab, nachdem sie sich als Tabellenführer eine Klatsche bei den Bayern abgeholt hatte.

BENEFIZ BEI HANSA

#HansaRostock **#Campino** **#Marteria** **#StefanKretzschmar** **#Benefiz**

Ansgar ist ein gern gesehener Gast bei Benefizspielen. Das liegt zum einen daran, dass seine Tricks mit dem Ball den meisten anderen Spielern immer noch Knoten in die Beine zaubern. Zum anderen schätzen die Gastgeber Ansgars Qualitäten als Entertainer. Das Schönste aber an Benefizspielen ist: Es sind nicht immer nur Fußballer am Ball.

Letztes Wochenende war ich in Rostock zum Benefizspiel. Es ging um das Überleben von Hansa Rostock.

27.000 Zuschauer, ausverkauftes Stadion. Das gab es in Rostock zuletzt, als Bayern München zu Gast war. Liebe Rostocker, Respekt für eure Leidenschaft.

Es gab zwei Teams: Ein Musiker-Team um Rapper Marteria und ein Team von Hansa-Legenden um Stefan »Paule« Beinlich.

Ich habe mich vor dem Spiel mit unserem Handballgott Stefan Kretzschmar getroffen. Wir hatten eine optimale Vorbereitung – bis 7:30 Uhr morgens ging die. Als ich frühmorgens ins Hotel gekommen bin, haben die anderen gedacht, ich komme gerade vom Morgenspaziergang. Da habe ich gesagt: »Nee, nee. Ich geh mal kurz duschen, bin dann gleich da.«

Campino kam aus München mit dem Flieger. Als ich den dann auf dem Platz gesehen habe, musste ich vor Lachen schon fast weinen. Wenn Campino zum Ball sprintet, kannst du ihn beim Laufen malen.

Dann wurde mein Name aufgerufen. Das ganze Stadion hat mich ausgepfiffen. Vielleicht hätte ich vorher nicht sagen sollen, dass ich gerne komme, aber nur um Fußball zu spielen, weil Hansa mir eigentlich scheißegal ist. Das hat sich wohl der eine oder andere gemerkt.

Marteria macht nicht nur richtig geile Musik, ich habe ihn Fußball spielen gesehen. Leck mich am Arsch! Die meisten Menschen sind talentfrei, Marteria hat gleich zwei große Talente – Musik und Fußball. Vielleicht hätte er es wirklich zum Nationalspieler gepackt, das war atemberaubend, was der da abgeliefert hat. Respekt.

Am Ende haben wir Ex-Profis gegen Campino, Marteria und die anderen Musiker beinahe verloren. Einer Truppe, in der unter anderen Thomas Doll und Ulf Kirsten spielen, darf das nicht passieren. 6:6 ist es ausgegangen. Wahnsinn.

Ich bin allerdings froh, dass es keine Revanche gegen das Team Marteria bei einem Konzert gibt. So nach dem Motto: Ihr Fußballer kommt mal auf die Bühne zu uns und singt ein bisschen. Danach müsste der eine oder andere Fußballer dann wahrscheinlich das Land verlassen.

Marteria and Friends gegen Paule and Friends: Ansgar Brinkmann, Bernd Schneider und Ulf Kirsten drehen nach einem Tor jubelnd ab.

BAYERN-BESIEGER

#EintrachtFrankfurt #StefanEffenberg #LotharMatthäus

Der FC Bayern verliert zu Hause 0:4 gegen Real Madrid. An eine 0:4-Klatsche der Bayern im eigenen Stadion können sich nur die Älteren erinnern.

Das letzte Mal, dass der FC Bayern zu Hause vier Stück bekommen hat, war 1979.

Und gegen wen?

Arminia Bielefeld!

Oft verlieren die Bayern nicht 0:4. In der Bundesliga gibt es Spieler, die es in 20 Profi-Jahren nicht schaffen, überhaupt gegen den FC Bayern zu gewinnen.

Als kleiner Junge wollte ich immer nur einmal gegen die Bayern spielen. Als ich dann Fußballprofi geworden bin, wollte ich nur einmal gegen die Bayern gewinnen. 1999 habe ich es mit Eintracht Frankfurt geschafft.

Wir hatten damals eine richtig gute Mannschaft – mit Ralf Weber, Bernd Schneider und mir im Mittelfeld. Der FC Bayern aber auch: mit Leuten wie Oliver Kahn im Tor, Lothar Matthäus, Bixente Lizarazu oder Stefan Effenberg.

Dieser FC Bayern hat in der Saison 1998/99 nicht oft verloren. Eins davon war das Finale der Champions League gegen Manchester United.

Und wir haben 1:0 gegen die Bayern gewonnen.

Stefan Effenberg hat in dem Spiel vergeblich versucht, das Ruder noch mal rumzureißen, mit allen Mitteln. Er hat unsere Mannschaft durchgehend beleidigt, hat auf alles und jeden getreten.

Und Lothar Matthäus hat auf dem Platz nur rumgebrüllt: »Ihr da auf der anderen Seite, ihr alle könnt froh sein, dass ihr überhaupt gegen uns spielen dürft.« Entschuldigt hat er sich nicht nach der Niederlage – gratuliert aber auch nicht.

Den Sieg gegen die Bayern haben wir anschließend gefeiert wie einen Titel.

Siege gegen die Bayern sind ja auch so rar gesät wie Meisterschaft und Pokalsieg.

Die Eintrachttruppe der Saison 1998/99 hat nicht nur die Bayern zu Fall gebracht. Durch ein 5:1 gegen den 1. FC Kaiserslautern sicherte sich Frankfurt in allerletzter Sekunde den nicht mehr für möglich gehaltenen Klassenerhalt. Ein 4:1 hätte nicht gereicht. Ansgar Brinkmann wurde direkt nach dem Lauterer Ausgleich in der 68. Minute eingewechselt. Erst dann nahm die Eintracht richtig Fahrt auf, schoss vier Tore innerhalb von 20 Minuten und schaffte das Wunder.

29. Mai 1999: Thomas Zampach und Ansgar feiern den Klassenerhalt der Eintracht.

FUSSBALL-ZWERGE

#EM **#Gibraltar** **#TSVJuist** **#DFB-Pokal**

Gibraltar ist zum ersten Mal bei einer EM-Quali dabei und hat sogar schon ein Tor geschossen. Nicht wenige auf diesem Planeten glauben, dass die englische Kolonie Gibraltar bald erfolgreicher als das Mutterland ist, wenn beide so weitermachen.

Der beste Spieler, den Gibraltar in seinen Reihen hat, ist von Beruf Polizist. Respekt, ehrlich. Die sind ja eigentlich alle komplett talentfrei, aber sie dürfen um die EM-Teilnahme spielen.

Was ist denn mit »Jim Knopf und die Wilde 13«? Könnten die nicht auch eine Mannschaft bilden und als »Lummerland« teilnehmen? Jim und Lukas geben den Job auf und werden Vollprofis. Dann nehmen sie demnächst auch an einer EM teil, kriegen riesige Werbeverträge und brauchen nie mehr Lokomotive zu fahren.

Gibraltar spielt in der Quali gegen Deutschland. Und Jogis Jungs sollten dieses Spiel ernst nehmen. Weil eins ganz klar ist: Der Polizist, der gegen Schottland getroffen hat, und der Bäckermeister, die alle werden um ihr Leben rennen. Für diese Jungs ist ein Spiel gegen den Weltmeister ein Highlight. Das ist ungefähr so, als wenn du im DFB-Pokal mit einem Bundesligisten irgendwo auf einem Dorf spielst.

Diese Amateurkicker haben natürlich keine Lust, sich von uns Profis verarschen zu lassen. Da geht es dann richtig zur Sache, aber es ist auch lustig. Ich habe mal bei so einem

Spiel zu meinem Amateur-Gegenspieler gesagt: »Na? Musst du morgen wieder arbeiten, weil du talentfrei bist?« Er hat geantwortet: »Pass mal auf, Ansgar, mein Papa ist euer Hauptsponsor, und ich glaube, morgen gehst du arbeiten.«

Ich spiele ja immer noch für den TSV Juist, und da jetzt offensichtlich jeder um die EM-Teilnahme spielen darf, bin ich dafür, dass Juist beim nächsten Mal auch zugelassen wird. Dann komme ich endlich zu meinem ersten Länderspiel.

Gegen Juist kann man übrigens auch mal verlieren.

RACHE

#VfLOsnabrück #PreußenMünster #FCB #StefanEffenberg #SVMeppen

Rache gibt es nicht nur bei der Mafia, Rache gibt es auch im Fußball, und ich war live dabei.

Derby: VfL Osnabrück gegen Preußen Münster. Nachspielzeit: Direkt nach dem 2:2-Ausgleich stürmt ein Zuschauer auf den Platz, sprintet zu Amaury Bischoff, Spieler von Preußen Münster, und rennt ihn voll über den Haufen.

Wie sich später herausgestellt hat, war dieser vermeintliche Zuschauer ein Spieler des VfL Osnabrück, Tom Merkens.

Zwei Jahre zuvor hatte Amaury Bischoff Merkens mit einer Grätsche das Sprunggelenk gebrochen. Seitdem war Merkens krankgeschrieben.

Merkens hatte aber an diesem Abend bei seinem Rachesprint auf das Feld so ein Tempo drauf, dass die Berufsgenossenschaft, wenn sie denn diese Bilder gesehen hat, ihn sofort hätte gesundschreiben müssen.

Rache auf dem Platz habe ich aber auch am eigenen Leib verspürt.

Ich habe mal mit Arminia Bielefeld ein Vorbereitungsspiel gegen den FC Bayern gemacht. Nach zehn Minuten kommt Stefan Effenberg zu mir und sagt: »Ansgar, wenn du heute dribbelst, gibt's auf die Fresse!«

Und so war's auch. Ich bin permanent von den Bayern umgetreten worden. Irgendwann war es mir zu viel und ich habe Michael Tarnat geschubst. Dann folgte die Rache in Form von Carsten Jancker. Der hat mir das Trikot zerrissen.

Den mussten drei Leute festhalten, der wollte mich auffressen.
Und nach dem Spiel sagt Uli Hoeneß dann noch zu mir: »Ansgar, du musst ruhiger werden!«

Beim Derby Osnabrück gegen Meppen ging es auch immer hoch her. Meppen war für mich die hässlichste Mannschaft der zweiten Liga! Und das habe ich im Vorfeld auch gesagt, was die Meppener natürlich mitbekommen haben.

Diese Aussage war richtig clever von mir, weil: So nimmt man das Feuer aus einem Derby.

Die Rache der Meppener ist aber mal komplett danebengegangen. Ich hatte einen Gegenspieler, der mich 85 Minuten durchbeleidigt hat. Er hat behauptet, dass meine Freundin ständig bei ihm schläft, dass meine Freundin ihn permanent anruft und dass er sogar Nacktfotos von meiner Freundin habe.

Erst am Ende des Spiels habe ich ihm gesagt, dass ich Single bin.

FAN-GEWALT

#EintrachtFrankfurt #Darmstadt98 #DynamoDresden #Fans

Eintracht Frankfurt gegen Darmstadt 98, vermummte Fans stürmen den Platz, verbrennen Fahnen – das geht zu weit!

Bei allen Emotionen dürfen wir nie vergessen: Es ist nur Fußball.

Die Spieler haben sich den Vermummten gestellt, alles hat sich beruhigt. Gott sei Dank.

Fans dürfen Kritik üben, Emotionen brauchen wir auch, aber kriegsähnliche Zustände auf dem Platz braucht kein Mensch.

Fans können gerne »Wir wollen euch kämpfen sehen!« rufen. Das kenne ich ja selber – habe es als Spieler oft genug gehört. Ich war 20 Jahre im Abstiegskampf. Wie oft genau ich das hörte? Ich erinnere mich an den Abstiegskampf in Mainz, Jürgen Klopp auf der Position hinter mir, der hat mich schon genug beschimpft.

Da war aber noch ein Fan auf der rechten Seite, der hat immer gerufen: »Lauf, lauf endlich, kämpf endlich!« Irgendwann hatte ich einen Einwurf, genau auf seiner Höhe, und der Fan fing wieder an zu rufen.

Dann habe ich zu ihm gesagt: »Jetzt pass mal auf, du Planetenkasper, du kannst ja mal mit meinen Schuhen spielen. Wenn sie dir passen, dann gebe ich sie dir. Jetzt, hier, auf der Stelle. Dann tauschen wir mal, du machst meinen Job und ich mache deinen.«

Die Antwort des Fans war nicht schlecht. Er sagte: »Ich würde gern tauschen, ich kann aber nicht kicken, und einen Job zum Tauschen habe ich auch nicht.«

Damit können wir doch alle leben. Emotionen gehören zum Fußball, aber wenn – wie in Frankfurt – Vermummte auf den Platz stürmen und die Situation fast eskaliert, dann ist das nicht mein Fußball.

Wenn dann, wie es mal in Dresden passiert ist, auf dem Trainingsplatz elf Gräber ausgehoben werden, macht das einem als Profi schon ein bisschen Angst.

Liebe Hooligans, liebe Ultras, wenn ihr euch wie Braveheart gegenübersteht und euch sonst wo bekämpft, dann soll der Bessere gewinnen.

Wir aber wollen Fußball im Stadion genießen, und dabei darf keiner in Gefahr kommen.

BENEFIZ BEI POLDI

#LukasPodolski #ArneFriedrich #DzseniferMaroszan #Benefiz

Benefizspiele sind ja gerade in der Winterpause sehr beliebt. Und wenn Lukas Podolski ruft, dann kommen eh alle.

Ich war, wie immer, pünktlich in der Kabine und warte auf mein Team. Als Erster kommt Schlagersänger Micki Krause rein und singt: »Malle ist nur einmal im Jahr.«

Kurz darauf hab ich gedacht, Poldi hat auch noch einen Sumo-Ringer eingeladen, aber es war nur Rainer Calmund.

In der anderen Kabine saßen Arne Friedrich, A-Nationalspieler, und Lukas Podolski, zusammen gefühlt 300 Länderspiele.

Ich dachte, da kannst du auch nur wieder Zweiter werden.

Aber dann kommt noch eine Person in unsere Kabine. Zuerst dachte ich, Poldi hätte sogar ein Model in unser Team gesteckt. Richtig hübsch.

Zum Glück kann Dzsenifer Marozsan auch noch überragend Fußball spielen. Sie ist deutsche Nationalspielerin, und ohne sie hätten wir das Benefizspiel am Ende nicht gewonnen, das ist mal sicher.

Dzsenifer Marozsan war »der beste Mann« auf dem Platz! Wir hatten aber auch Glück. Team Poldi hatte einen holländischen Freestyler dabei. Ein Freestyler kann Sachen mit dem Ball, mit denen er auch im Zirkus Krone hätte auftreten können.

Das einzige Problem war: Der Freestyler hat den Modus nicht verstanden. Er hat einen Patrick Helmes im Team, einen Arne Friedrich, einen Lukas Podolski mit 120 Länderspielen, und wenn du mit lebenden Legenden auf dem Platz stehst, dann musst du den Ball auch mal abspielen. Sein eigener Mitspieler Arne Friedrich hat mich dann auf dem Platz angesprochen: »Ansgar, wir feiern dich gerade. Hau dem Freestyler noch mal richtig auf die Socken.« Da habe ich gesagt: »Arne, kein Problem, läuft.«

Ich werde öfter mal angefragt – nicht nur von Lukas Podolski. Und wenn jemand möchte, dass ich mitspiele: eine Flasche Jack Daniels, ein paar Bier – und ich bin vielleicht dabei.

EINWURF: RAINER CALMUND

Ich habe Ansgar Brinkmann vor rund 15 Jahren kennengelernt. Er war damals schon im Herbst seiner Fußballerlaufbahn angekommen, trotzdem kickte er als Oldie noch auf allerhöchstem Niveau.

Der Ball war sein engster Freund. Was sein Talent angeht, hätte Ansgar ohne Wenn und Aber 50 Länderspiele machen müssen.

Seine Mitspieler schätzten ihn als Teamplayer, bewunderten seine perfekte Fußballtechnik und die unglaubliche Power.

Bei der Abschiedsgala von Nationalspieler Bernd Schneider trumpfte Ansgar Brinkmann im Kreis vieler internationaler Topstars groß auf. Schneiders Kommentar: »Ein netter Kerl. Ein Toptechniker, er ist mit allen Wassern gewaschen und dreimal chemisch gereinigt.«

Die beiden hatten mal gemeinsam für die Frankfurter Eintracht am rechten Flügel gespielt, sich dort ausgezeichnet verstanden – menschlich und fußballerisch. Welche Wertschätzung Brinkmann bei Schneider genoss, zeigt diese Episode: Lucio, der langjährige Kapitän der brasilianischen Nationalmannschaft, und die südamerikanische Presse tauften

Schneider nach dessen Leistung im WM-Finale 2002 »Weißer Brasilianer« – trotz der 0:2-Niederlage der Deutschen gegen Brasilien. Bernds trockener Kommentar: »Der weiße Brasilianer heißt Ansgar Brinkmann!«

Fußballer, die in der Regel jährlich den Verein wechseln, nennt man etwas despektierlich »Wandervogel«. Jürgen Klopp, bekannt für seine Vereinstreue, war Brinkmanns Zimmerkollege in gemeinsamen Mainzer Zeiten und verteidigt Ansgar: »Der Unterschied zwischen Ansgar Brinkmann und mir ist relativ einfach zu erklären. Er bekam jede Saison Angebote von verschiedenen Klubs. Ich keins.«

Ansgar Brinkmann hat zweifellos eine große Klappe, aber ein noch viel größeres Herz. Hilfsbereitschaft und Herzlichkeit sind in seinem Programm fest verankert, er ist bei vielen Benefizveranstaltungen ein gern gesehener Gast. Neben seinem sozialen Engagement sorgt er für viel Spaß und bei jedem Promispiel für Zauberfußball vom Allerfeinsten.

Keiner konnte ihn während seiner Karriere so richtig in den Griff kriegen. Er produzierte lustige, aber auch unnötige Anekdoten am laufenden Band. Schön, dass er als liebenswürdiger und lustiger »bunter Vogel« es noch schaffte, Selbstkritik zu zeigen: »50 Länderspiele wären mir lieber als 50 Anekdoten.« Der Fußball hat ihm viel gegeben, jetzt will er dem Fußball einiges zurückgeben. Typisch für Ansgar Brinkmann, dass er nichts fordert: »Mir ist es egal, ob als Trainer, Scout oder Platzwart!« Man kann ihm zu hundert Prozent abnehmen, dass er in jedem Job alles geben wird.

Calli und Angsar

Januar
30
2016

FETTE BAYERN

#PepGuardiola **#FCB** **#PreußenMünster**

Die Kabine ist heiliger Boden für jeden Fußballer. Von dort darf nichts nach außen dringen. An dieses ungeschriebene Gesetz halten sich leider nicht alle Fußballprofis. Wenn Interna an die Öffentlichkeit gelangen, dann ist das immer ein Fall für den weißen Brasilianer.

So wie beim FC Bayern Anfang 2016. Ein Maulwurf hat die Öffentlichkeit immer wieder mit sensiblen Informationen aus der Kabine des FC Bayern und den E-Mail-Accounts der Spieler versorgt. Bis heute ist der Maulwurf nicht enttarnt.

Brinkmann, übernehmen Sie!

Der FC Bayern hat ein echtes Maulwurf-Problem. Eine E-Mail von Pep Guardiola an seine Spieler ist in der Öffentlichkeit gelandet. Darin steht, dass die Bayern-Spieler sich zukünftig beim Trainer abmelden müssen, bevor sie auf Reisen gehen. Außerdem steht drin, dass die Bayern zu fett sind, das Gewicht der Spieler stimme nicht. Pep ist natürlich richtig sauer, dass der Zustand seiner Mannschaft aufgeflogen ist, weil irgendeiner die Mail rausgegeben hat.

Pep Guardiola, der alte Spanier, fordert mehr Disziplin. Die Disziplin, die bis jetzt bei den Bayern herrscht, hat er dann wohl aus Spanien mitgebracht. Ich weiß nicht, ob Pep schon mal versucht hat, in Spanien einen Handwerker zu bekommen. Die machen auch, was sie wollen.

Meine Spielvorbereitung hingegen war immer optimal. Immer!

Ich kann mich an ein Spiel mit Preußen Münster erinnern: Wir haben zuvor die ganze Nacht durchgemacht. Ich bin dann um neun Uhr direkt zur Mannschaftssitzung gegangen. Kurz darauf musste ich die Besprechung leider verlassen, weil ich mich übergeben musste. Das nennt man Gewichtsreduzierung im Dienste aller. Weil: Ich habe anschließend durchgespielt und ein Tor gemacht.

Ich wäre immer optimal vorbereitet gewesen, wenn alle Spiele nachts um vier angepfiffen worden wären. Dann hätte ich auch bestimmt eine »richtige« Karriere gehabt.

So waren es halt 20 Jahre Abstiegskampf.

Mein ganzes Leben fühlt sich an wie Abstiegskampf.

Februar
06
2016

DER BAYERN MAULWURF

#FCB **#PepGuardiola** **#JacekJaniak**

Tatort FC Bayern München: Der FC Bayern hat einen Maulwurf und wird ihn nicht los!

Der Maulwurf hat einer Zeitung gesteckt, dass Trainer Pep Guardiola Jerome Boateng auf den Platz geschickt hat, obwohl er wusste, dass Boateng angeschlagen ist. Boateng hat sich daraufhin noch schwerer verletzt und fällt jetzt vielleicht auch für die EM aus. Einen schönen Gruß an den Maulwurf des FC Bayern!

Wie bescheuert kann man eigentlich sein?

Was in einer Kabine gesagt wird, das bleibt in der Kabine, das ist ein ungeschriebenes Gesetz im Fußball. Da hat nichts und niemand Zutritt, gar nichts. Und wenn ein Teammitglied Interna aus der Kabine verrät, dann wird das intern oft sehr unkonventionell geregelt.

Wenn ein Maulwurf auffliegt, dann kann es auch mal sein, dass er dann öfter mal ausrutscht und gegen einen Spint fällt. Zu meiner Zeit in Osnabrück hat auch mal ein Spieler permanent irgendeinen Scheiß nach außen gegeben. Und das ist dann auch rausgekommen.

Der Maulwurf machte schließlich nähere Bekanntschaft mit Jacek Janiak. Gegen Jacek Janiak ist Thorsten Legat ein Knabe aus dem Kirchenchor! Wenn du mit Jacek Janiak in die Kabine eingesperrt wirst, dann ist das wie die in der Donnerkuppel: Zwei gehen rein, einer kommt raus.

Und so war's dann auch in Osnabrück. Ich weiß nicht, wie die Bayern das lösen.

Maulwurf spielen hat eigentlich kein Bayern-Spieler nötig. Denen geht es gut, die haben alle Möglichkeiten. Wenn du als Spieler so was machst, dann stimmt grundsätzlich irgendwas mit deinem Charakter nicht.

Vielleicht ist das auch nur ein weiterer Grund, nie zum FC Bayern zu gehen. Geld verdirbt den Charakter.

April
10
2016

SCHEISS AUF FAIRPLAY

#1.FCKöln #TSGHoffenheim #PreußenMünster #RWO #FIFA

Was für ein Riesendrama beim Spiel Hoffenheim gegen Köln. In der 91. Minute liegt ein Kölner Spieler am Boden, und Hoffenheim spielt einfach weiter und erzielt sogar ein Tor. Kölns Trainer Peter Stöger wäre fast durchgedreht und hat nach dem Spiel angekündigt, dass Fairplay für ihn gestorben sei. Er will seine Spieler anweisen, den Ball in Zukunft nicht mehr ins Aus zu spielen, wenn ein Gegenspieler verletzt am Boden liegt.

Fairplay im Fußball? Das ist mir auch schon ein paar Mal begegnet.

Ich habe mit Preußen Münster in Oberhausen gespielt. Für uns ging es, ähnlich wie jetzt für Hoffenheim, gegen den Abstieg.

Zwei Oberhausener liegen am Boden und ich habe den Ball – wir mussten dieses Spiel unbedingt gewinnen. Dann läufst du weiter mit dem Ball, obwohl dich nach den ersten drei Metern schon alle von außen niederschreien: »Du Penner, du Asi, da liegen zwei am Boden, spiel den Ball ins Aus!« Du bist weiter auf dem Weg zum gegnerischen Tor, versenkst das Ding dann auch noch. Die komplette Stehgerade von Oberhausen wollte mich töten. Ich kann froh sein, dass da ein Zaun war. Die Polizei musste sogar anrücken, weil einige Fans über den Zaun klettern wollten, um mich zu killen.

Soll ich euch was sagen? In so einem Moment: Scheiß auf Fairplay – wofür haben wir denn Schiedsrichter? Ich will dann einfach nur nicht absteigen.

Das ist menschlich, aber nicht fair. Aber der Fußballgott sieht alles. Wir sind nämlich trotzdem abgestiegen, zwei Wochen später.

Also, kein Grund zur Aufregung. Es ist nur Fußball.

Wenn jemand keine Möglichkeit auf Bildung hat – das ist wirklich nicht fair.

Wenn du in Nordkorea geboren wirst – das ist nicht fair.

Dass alle Frauen nur meinen Körper wollen und nicht meine Intelligenz – das ist nicht fair.

Lieber 1. FC Köln, ihr könnt euch jetzt bei der FIFA über fehlendes Fairplay beschweren.

Der neue Präsident Gianni Infantino, in Fachkreisen auch Gianni Inferno genannt, hat in Panama einen Briefkasten eröffnet. An die Adresse kann jetzt jeder seine Vorschläge kritzeln, um zu beschreiben, wie es auf dem Platz demnächst fairer zugehen könnte.

Und wer ein bisschen Kohle in den Briefumschlag steckt, der kriegt dann auch eine adäquate Antwort.

Juni
10
2016

LÄNDER-SPIEL

#Ukraine **#Wodka** **#ChristianHeidel**

Wenn ich an die Ukraine denke, fällt mir immer mein einziges Länderspiel ein. Ihr habt richtig gehört, ich habe auch ein Länderspiel gemacht, und zwar für die Bundeswehrnationalmannschaft in Kiew.

Auf dem Platz waren es minus 27 Grad, und ich war Kapitän unserer Mannschaft. Meine erste Ansage war: »So, Jungs, wir sind deutsch – kurze Hose, kurzärmeliges Trikot.« Ergebnis: Wir haben das Spiel 1:3 verloren, unglücklich.

Anschließend ging es für beide Mannschaften zum Bankett. Es gab Wodka. Ich erinnere mich noch, dass ich zu meinen Mannschaftskollegen gesagt habe: »Leute, seht ihr den Mann am Schlagzeug? Da gehe ich jetzt mal hin.«

Zu dem Zeitpunkt war ich schon oberkörperfrei und habe dann auf dem Schlagzeug rumgeballert und durchs Mikro gerufen: »Wo ist der Deinhardt?«

Daraufhin kam mein Oberst zu mir: »Brinkmann! Bitte sofort auf Ihren Platz! Und die Uniform wieder anziehen!«

Also habe ich gesagt: »Jetzt pass mal auf, Käpt'n Kirk … Ich weiß nicht, was du jetzt machst, aber ich spiele jetzt weiter Schlagzeug!«

Der Oberst hat mich dann aus dem Laden geholt. Draußen habe ich einen Sprint gemacht, dann eine Rolle vorwärts und stand auf einmal breitbeinig auf einem ukrainischen Diplomatenauto. Von dort eine Rolle vorwärts in den Schnee und im Vollsprint in den Bus.

Ich habe damals für Mainz 05 gespielt. Nach dem Spiel in Kiew musste ich zum Rapport zu Manager Christian Heidel, der heute bei Schalke 04 ist.

Er sagte: »Ansgar, man kann ja mal ein Spiel verlieren – aber du bist in zehn Punkten angeklagt: Sachbeschädigung, Hotel auseinandergenommen, Widerstand gegen den Oberst.«

Präsident Strutz kam dazu, der ist Rechtsanwalt: »Die gute Nachricht ist, Sie sind freigesprochen.«

Die Begründung: Wir Soldaten haben den Wodka nicht selbst mitgebracht, der stand schon auf dem Tisch. Und weil ich für den Wodka nichts konnte, wurde ich auch nicht bestraft.

Bei zukünftigen Länderspielen gegen die Ukraine sollte die Nationalmannschaft immer eines bedenken: Bitte keinen Wodka mit den Ukrainern trinken. Das kannst du nicht gewinnen. Aber im Fußball können wir sie schlagen.

August
27
2016

SAISONSTART 2016/17

#BVB #ChristianHeidel #S04 #NorbertMeier

EM vorbei, Olympische Spiele vorbei, jetzt startet die Bundesliga.

Allen Fans, die keine Lust haben, sich die ganze Saison anzugucken, denen kann ich jetzt schon sagen, dass Borussia Dortmund wieder eine Weltklasseleistung abrufen wird. Aber sie werden wieder Zweiter, weil der FC Bayern einfach ein paar Punkte mehr holen wird – wie immer.

Schalke 04 hat die beste Verpflichtung der Saison gemacht. Damit meine ich jetzt aber keinen Spieler, das ist genau der gleiche Scheiß wie im letzten Jahr.

Spaß beiseite: Schalke hat Christian Heidel als Manager geholt. Das war mein erster Manager bei Mainz 05. Ich sollte bei Mainz meinen Vertrag unterschreiben und dazu in ein Autohaus kommen. Ich habe mich schon gefreut, weil ich dachte, dass ich einen BMW geschenkt bekäme. Einen Scheißdreck habe ich bekommen. Im Autohaus saß bloß Christian Heidel, der damals noch hauptberuflich Autos verkauft hat. Aus diesem Autoschieber ist ein Topmanager geworden, der Schalke 04 auf Kurs bringen soll.

Lieber Christian, ich wünsche dir alles Glück der Welt, auf Schalke heißt das »Glück auf«. Das wirst du dort brauchen. Denn ich glaube wirklich, dass es leichter ist, den Mond in eine andere Umlaufbahn zu bringen als Schalke zur Meisterschaft.

In Darmstadt ist Trainer Dirk Schuster zum Trainer des Jahres gewählt worden, weil er mit diesem Underdog die Klasse gehalten hat. Schuster ist gegangen und die Darmstädter haben jetzt Norbert Meier. Norbert Meier soll jetzt Darmstadt retten. Ich war lange Spieler, und wenn du Spieler bist und Norbert Meier kommt morgens in die Kabine: Der sieht doch schon aus wie der Abstieg.

Ich weiß nicht, wie der die retten soll.

Darmstadt wusste das nach dem 13. Spieltag der Saison auch nicht mehr. Norbert Meier wurde nach fünf Niederlagen am Stück gefeuert.

EINWURF: CHRISTIAN HEIDEL

»Autoschieber« Christian Heidel im Januar 1996 in seinem Autohaus

Wir haben Ansgar aus Münster zu Mainz 05 geholt. Ihm ist damals schon ein Ruf vorausgeeilt. Er war in Münster der Publikumsliebling, aber man sagte auch, er sei schwer in den Griff zu bekommen. Schwieriger Typ, Disziplin ein Fremdwort.

Mainz 05 war prädestiniert für Spieler dieser Art: gute Fußballer, die ihre Probleme woanders haben. Die konnten wir meistens in den Griff bekommen. Das war die einzige Möglichkeit, Spieler von Ansgars Qualität zu bekommen. Wir trauten uns das zu.

Ich hatte damals kein Büro. Mainz war damals noch ganz am Anfang, deshalb ist die gesamte Lizenzspielerabteilung bei mir im Autohaus abgewickelt worden.

Innerhalb der Mannschaft gab es selten Probleme mit Ansgar. Ich kann mich nur an einen Vorfall erinnern. Da ist Ansgar mit Thomas Ziemer auf ein Gerüst an einem Haus geklettert und hat aus dem fünften Stock Ansprachen gehalten. Thomas Ziemer war auch so ein begnadeter Fußballer, der keinem Streich und keinem Witz aus dem Weg gegangen ist. Ansgar und er haben wirklich gut zusammengepasst.

Die schlimmeren Dinge sind eigentlich außerhalb von Mainz 05 vorgefallen. Zum Beispiel als Ansgar bei der Bundeswehrnationalmannschaft sterngranatenvoll über den Mercedes des Delegationschefs der Ukraine einen Salto gemacht hat. Später wurde noch das Hotelzimmer ganz gut aufgeräumt. Das sind so Dinge, die uns dann zugetragen wurden. Ich kann mich auch noch erinnern, dass er zwei- oder dreimal von der Bundeswehr abgeholt werden sollte. Einmal haben die Feldjäger sogar bei einem unserer Spiele gestanden, weil Ansgar einfach für sich beschlossen hatte: Bundeswehr, da gehe ich mal nicht hin. Das war jetzt nicht ganz so dramatisch, dass wir ihn hätten suspendieren müssen. Aber eins ist auch klar: Damals gab es noch keine Fotohandys. Ich möchte nicht wissen, was Ansgar alles gemacht hat, was ich gar nicht mitbekommen habe. Heute wäre das undenkbar.

Kurios war auch Ansgars Abgang in Mainz. Er kam in mein Büro und sagte, dass er gern zum SC Verl wechseln würde. Also habe ich einen Vertrag gemacht, damit er nach Verl gehen kann. Doch kurz darauf kam Ansgar wieder an und meinte, dass er zum FC Gütersloh wolle. Da habe ich den Vertrag zerrissen, einen neuen aufgesetzt, um ihn zum FC Gütersloh zu transferieren. Eine halbe Stunde später kam er wieder um die Ecke und sagte, er habe sich das noch mal überlegt und gehe zu Preußen Münster. Darauf antwortete ich ihm: »Wenn du das jetzt noch lange machst, dann gehst du nirgendwo hin, dann bleibst du hier in Mainz. Ich schreibe doch keine drei Verträge innerhalb von zwei Stunden.« Es wurde dann tatsächlich Preußen Münster – wo er aber nicht lange blieb. Anschließend ist er nach Gütersloh und schließlich doch nach Verl gewechselt.

Ansgar war ein außergewöhnlicher Spieler. Man hat ihn ja noch mal erlebt, als er bei der Eintracht durchgestartet ist. Er war in Cloppenburg in die zweite Mannschaft strafversetzt und hat anschließend bei Eintracht Frankfurt den Sprung noch mal geschafft. Bei allem Witz war er immer imstande, Leistung zu bringen. Allerdings hätte er als Fußballer wesentlich erfolgreicher sein können. Aber da stand Ansgar sich leider häufig selbst im Weg. Man konnte ihm allerdings nie böse sein.

Heute wäre ein Typ wie Ansgar in der Bundesliga undenkbar. Das Geschäft hat sich komplett geändert. Solche Typen gibt es heute nicht mehr. Die einen oder anderen werden das bedauern, aber so was geht einfach nicht mehr. Wenn heute mal einer im Trainingslager den Balkon runterklettert und über die Stränge schlägt, dann wissen es Trainer und Manager spätestens am Morgen, weil durch die sozialen Medien nichts mehr geheim bleiben kann. Früher war es teilweise überraschender. Da sind dann Dinge passiert, über die wir heute lachen können. Ich habe mich damals natürlich auch nicht gefreut, dass Herr Brinkmann auf dem 190er Mercedes des ukrainischen Delegationsleiters herumgehüpft ist und die Nationalhymne gesungen hat. Mit 20 Jahren Abstand lache ich darüber.

Ich bin kein Freund davon zu sagen, dass früher alles besser war. Allerdings war man nicht so überwacht wie heute. Ich habe eben erst in einem Fanforum gelesen, wo ich letzten Samstag um 21 Uhr essen war. Das ist schon eine komische Welt, aber wir werden sie nicht mehr ändern. Das war früher wesentlich schöner.

November
05
2016

THE MACHINE

#TimWiese **#WWE** **#ArnoldSchwarzenegger**

Tim Wiese, Bundesliga-Torwart in Bremen, Hoffenheim und Kaiserslautern, außerdem Nationalkeeper, hat jetzt eine neue Karriere. Nachrichtensprecher ist er nicht geworden.

Tim Wiese ist jetzt »The Machine« und sagt, dass es Schläge gibt, wenn man ihn ruft. Er ist Wrestler, aber was habt ihr eigentlich erwartet von ihm? Von einem, der ins Tor musste, weil er als Kind nicht laufen konnte. Von einem, der ferngesteuerte Hubschrauber für 50.000 Euro durch die Gegend fliegen lässt. Was habt ihr erwartet?

Dass er Lehrer, Sozialarbeiter oder Psychologe wird? Er ist jetzt Wrestler. So was passiert, wenn dir als Kind die Spielsachen weggenommen werden. Nur dann kommst du auf solche Ideen. Respekt!

Tim Wiese wird boomen in Deutschland. Der Grund ist nicht Wrestling, der Grund ist, dass alle Tim Wiese aufs Maul hauen wollen.

Da werden sich jetzt viele aus der Bundesliga freiwillig melden, weil Wiese vor seinem ersten Kampf noch mal eben mit dem Fußball abgerechnet hat, dem er eigentlich so viel zu verdanken hat. Bundesliga und Nationalmannschaft – alle waren gemein zu ihm. Und jetzt wollen ihm viele für diese Abrechnung eine reinhauen. Die Frage ist nur: Wer traut sich mit dem Wahnsinnigen in den Ring?

40 Kilo Muskelmasse hat Tim Wiese zugenommen. Wir haben gesehen, wo das hinführen kann. Arnold Schwarzen-

egger ist damit Gouverneur von Kalifornien geworden. Und Tim Wiese klingt schon fast wie der Terminator, wenn er sagt: »Ich komme wieder.«

Tim ist bestimmt noch nicht am Ende seiner Karriere. Ich denke, er wird Bundespräsident und vertritt uns dann weltweit. Die Intelligenz dazu hat er.

Ansgar mit Tim »The Machine« Wiese

Februar
11
2017

SERVUS, PHILIPP

#PhilippLahm #ArminiaBielefeld #MichaelBallack

Philipp Lahm, Weltmeister, Champions-League-Sieger, mehrfacher Deutscher Meister, beendet seine Weltkarriere. Ab Sommer ist er Privatier, und wenn ich bedenke, dass er in Bielefeld im Probetraining gescheitert ist, dann hat er es ganz schön weit gebracht.

Wir hatten bei Arminia drei Abwehrspieler im Probetraining. Am Ende der Woche hat mein Trainer Benno Möhlmann mich gefragt, welcher der drei denn nun der richtige für Arminia sei. Da hab ich gesagt: »Der Kleine. Der hat in der ganzen Woche keinen einzigen Zweikampf verloren.« Darauf sagte Benno: »Ist ja schön und gut, aber der Kleine hat weder einen Defensiv- noch einen Offensivkopfball.«

»Tja …«, habe ich geantwortet, »aber ich bin die ganze Woche nicht an ihm vorbeigekommen. So was habe ich noch nie erlebt!«

Und was ist passiert? Wir haben den Kleinen nach Hause geschickt. Wir, Arminia Bielefeld, haben Philipp Lahm weggeschickt. Gut für Lahm, schlecht für Arminia.

Cool finde ich, dass er nach seiner Karriere nicht sofort beim FC Bayern als Sportdirektor einsteigen will. Philipp ist unterwegs nach dem Motto: »Philipp Lahm first!« Er macht einfach, was er will. Geiler Typ. Das hat er schon gezeigt, als er in der Nationalmannschaft den verletzten Michael Ballack als Kapitän ersetzt hat. Und als Ballack wieder gesund war, hat Lahm die Kapitänsbinde einfach behalten.

Alle fragen sich: Was macht er jetzt, wenn er nicht mehr spielt? Ganz ehrlich, Leute, ich mache mir eher Sorgen darüber, was ich morgen mache. Philipp Lahm ist durch, der hat es geschafft. Er ist Gesellschafter bei zahlreichen Firmen.

Und wenn bei der Neuverfilmung von »Schneewittchen und die sieben Zwerge« mal ein Zwerg ausfällt, dann springt Philipp Lahm einfach als Zwerg Nummer sieben ein, wenn er Lust darauf hat. Er kann machen, was er will.

Aber ich befürchte, dass er als Erstes den Hauptzwerg absägt, den Zwergenkapitän, sich die Binde holt, wie damals bei Ballack.

BACK-STAGE

ABSTIEGS-KAMPF

#WerderBremen #FortunaDüsseldorf VfLOsnabrück #NealeMarmon

Wenn du im Abstiegskampf bist, dann ist eines mal ganz klar: Du brauchst einen Trainer, der authentisch ist, der einfache Sachen vorgibt. Du darfst keine komplizierten Dinge oder knifflige taktische Finessen mehr verlangen. Die werden dann nicht mehr funktionieren, weil du sowieso schon unsicher bist. In so einer Situation muss ein Verein komplett zusammenhalten – so wie in Bremen. Eine ganze Stadt steht auf und stellt sich hinter den Verein. Die Kräfte müssen gebündelt werden.

Es geht darum, nächstes Jahr wieder nach München zum FC Bayern zu fahren oder gegen Borussia Dortmund zu spielen und nicht gegen Aue oder Cottbus. Da möchte ich nicht tot überm Zaun hängen, geschweige denn Fußball spielen.

Düsseldorf muss das jetzt auch beweisen. Diese letzten zwei Spiele einer Saison sind Endspiele, und da muss man alles vergessen: wer blöd war, wer doof war, wen man nicht abkann. Jetzt muss die Fortuna bedingungslos unterstützt werden.

Ich war mit dem VfL Osnabrück im Abstiegskampf. Die Mannschaft war sich untereinander nicht grün, sogar regelrecht zerstritten.

Dann kam mein Mannschaftskamerad Neale Marmon, ein Modellathlet, und sagt: So, heute Abend treffen wir uns alle um 19 Uhr, und bitte pünktlich.

Die Tür wurde abgeschlossen, es gab was zu trinken, und auch die, die sonst nichts trinken, mussten trinken.

Dann haben wir uns wirklich ausgesprochen und ausgekotzt, ein Bier nach dem anderen, bis nachts um vier. Beim Training am nächsten Morgen um zehn Uhr sahen auch alle dementsprechend aus.

Aber es hat geholfen, es hat die Mannschaft wieder ein bisschen zusammengeschweißt. Aber ob sich eine Mannschaft heute noch bis vier Uhr morgens einschließt, dann zum Training geht und sagt, so, jetzt ist alles wieder gut? Das bezweifle ich.

Neale Marmon
(Saison 1986/87)

Offensichtlich hat die innere Bierdusche des VfL Osnabrück in der Zweitliga-Saison 1988/89 gefruchtet. In höchster Abstiegsgefahr siegte der VfL zwischen dem 35. und 37. Spieltag dreimal in Folge und sicherte so um Haaresbreite die Klasse. Fortuna hat es dann übrigens nicht gepackt. Das Team verlor die letzten zwei Spiele und stieg ab, weil man am letzten Spieltag von der TSG Hoffenheim überholt wurde, die ausgerechnet beim Tabellenzweiten, Borussia Dortmund, gewann.

LÄNDER-SPIELPAUSE

#DFB **#Nationalmannschaft** **#Ausgehen**

Wenn du in Bielefeld oder Frankfurt spielst, dann ist eine Länderspielpause kein Problem. Die wenigen Nationalspieler im Team sind dann einfach mal nicht da. Weg. Ein paar Nationalspieler weniger ist ja nicht so das Problem.

Du selbst bist froh, dass du mal ein Wochenende kein Punktspiel hast, die Medien nicht auf dich gucken. Keiner schaut dir zu, du hast einfach mal Zeit für dich.

Das sind die Wochenenden, an denen du es mit ein paar Mannschaftskameraden in der Stadt mal richtig brennen lassen kannst. Dafür sind Länderspielpausen ideal.

Wenn du aber für den FC Bayern spielst und selbst kein Nationalspieler bist, dann wird es schwierig. Dann ist ja keiner mehr da. Alle weg. Der Zeugwart ist vielleicht noch da und der Hausmeister. Bei den Bayern sind ja fast alle Nationalspieler.

Einige meiner Trainer sind dann auf die dumme Idee gekommen, in der Länderspielpause irgendwelche Freundschaftsspiele anzusetzen. Also musst du gegen Petroleum 98 auf irgendeinem Dorf spielen. Das braucht an so einem Wochenende wirklich kein Mensch. Eigentlich hast du Besseres vor, als im Bus zu sitzen und irgendwo hinzufahren.

Aber du musst, höhere Gewalt, da kannst du nichts gegen machen.

Wenn du ein freies Wochenende hast, dann gibt es in jeder Mannschaft immer so fünf, sechs, sieben Jungs, die irgendwas planen. Die finden sich von selbst und sind dann gemeinsam in der Stadt unterwegs.

Wenn du an so einem Wochenende in eine Bar gehst, fragt auch niemand, was ihr da macht, was das denn soll. Es versucht euch auch keiner zu belehren, dass ihr das nicht machen könnt, weil ihr doch ein Spiel habt.

Und wenn doch, dann sagst du einfach: »Pass auf, heute ist spielfrei, die Nationalmannschaft spielt, und da ich kein Nationalspieler bin, bin ich heute hier. Ich bin nämlich auch nur ein Mensch.«

Wenn die Nationalmannschaft spielt und man frei hat, sollte man aber nicht unbedingt nach Mallorca oder Ibiza fliegen. Das kommt nicht so gut an im Verein, weil das nächste Punktspiel ja auch nicht mehr weit ist. Man sollte also die Kirche im Dorf lassen.

In der Stadt ausgehen reicht, und die kann man ja auch einreißen, wenn man will.

DERBY

September 13 2013

#ArminiaBielefeld **#PreußenMünster** **#Cottbus**

In einem Derby kannst du als Spieler zum Fußballgott werden, obwohl du zehn Jahre nicht getroffen hast.

Wenn zum Beispiel Dortmund gegen Schalke spielt, und du machst das entscheidende Tor – darüber werden sie noch in 20 Jahren sprechen, was dir natürlich nicht passiert, wenn du das 1:0 gegen Cottbus machst. Cottbus braucht kein Mensch, da möchte ich nicht mal tot überm Gartenzaun hängen. Ein Derby hat halt diese Brisanz, die jeder Spieler liebt.

Preußen Münster gegen Arminia Bielefeld: Der Schiri hat angepfiffen, und es war von der ersten bis zur letzten Minute Körperverletzung. Das hatte mit Fußball nichts mehr zu tun. Wahnsinn war das. Dass alle heil vom Platz gekommen sind, war ein echtes Wunder.

Steht ein Derby an, geht es in deinem Umfeld schon eine Woche vorher los. Dann sagt mir mein Italiener: »Pass mal auf, wenn ihr verliert, dann gibt es hier keine Pizza mehr für dich. Wenn ihr das Ding nicht gewinnt, dann hast du erst mal Hausverbot.«

Das sagte er natürlich mit einem Augenzwinkern.

Es heißt ja immer: ein Derby zu verlieren ist ein bisschen wie sterben. Das hat mir mal ein Trainer gesagt, und er hat recht.

Ich habe schon viel Schräges im Vorfeld eines Derbys erlebt: Einmal wurde ich in der Nacht vor dem Spiel ständig angerufen. Um eins, um zwei, um vier, um fünf, und natürlich immer mit unterdrückter Rufnummer.

Da fragst du dich, welcher Vollpatient dich in der Nacht fünf-, sechsmal anruft? Kurz vor Anpfiff triffst du im Kabinengang einen Kumpel, der beim Derbygegner spielt. Und der fragt dich dann mit breitem Grinsen: »Na, gut geschlafen?« Und dann antwortest du übermüdet: »Nein, mich hat irgend so ein Penner ständig angerufen.« Und in dem Moment wird dir eines klar: Der Penner steht dir gegenüber. Auch das ist Derby!

DIE FREUNDIN DES SCHIRIS

November 02 2013

#ManfredFührer #Mainz05 #JürgenKlopp #RWO #Schiedsrichter

Es ist ein Wunder, dass im Fußball immer noch so viele Fehlentscheidungen von Schiedsrichtern getroffen werden.

Wenn man bedenkt, wie viele Kameras wir haben, die auf das Spielfeld gerichtet sind, und dass es dazu noch vier Schiedsrichter gibt. Eigentlich sollte es also keine Fehler mehr geben, auch wenn der Schiri mal einen schlechten Tag hat.

Manfred Führer war ein legendärer Schiedsrichter. Ich kann mich an ein Spiel mit Mainz erinnern – da hat der so einen Scheiß gepfiffen, von zehn Pfiffen waren neun falsch.

Jürgen Klopp und ich haben den Schiedsrichter dann natürlich auch verbal befeuert. Wir haben ihn regelrecht beschimpft.

Irgendwann bekamen wir einen Freistoß. Und als ich mir den Ball hinlege, kommt Schiedsrichter Führer zu mir und sagt: »Ansgar, du, mal ganz ehrlich ... so schlecht wie du heute spielst – besser wäre es, ich schieße den Freistoß.«

Das ist ein Moment, wo du auf dem Platz stehst, den Schiedsrichter anguckst und dich fragst: Hat der das gerade wirklich gesagt?

Dass Schiedsrichter auch mal einen Spruch raushauen, ist ja okay. Aber manche gehen noch weiter.

Bei einem Spiel in Oberhausen verliere ich den Ball, setze nach, ein ganz normaler Zweikampf. Der Schiedsrichter pfeift und gibt mir glatt Rot.

Nach dem Spiel sitze ich im Bus und kann immer noch nicht fassen, was mir da widerfahren ist. Bis ich plötzlich eine SMS von der Freundin des Schiedsrichters bekomme, die ich aus Bielefeld kenne – die ich gut kenne, die ich lange kenne.

Sie schreibt mir: »Mein Freund hat dich vom Platz gestellt!«

Und ich frage mich die ganze Zeit, was in den Schiedsrichter gefahren ist? Warum gibt der dir Rot für einen Zweikampf? Nach der SMS war es mir klar: Er hat mir Rot gegeben, weil ich seine Freundin kenne! Da kriegst du Rot aus Eifersucht, weil ein Schiedsrichter nicht damit einverstanden ist, dass du seine Freundin kennst!

Was sagt uns das? Finger weg von der Freundin des Schiedsrichters – könnte Rot geben!

November
23
2013

GESETZ

#FCB #UliHoeneß #VfLOsnabrück #Polizei

Karl-Heinz Rummenigge ist vorbestraft wegen Uhrenschmuggel, Uli Hoeneß hat seinen Prozess wegen Steuerhinterziehung noch vor sich. Da bekommt der neue Zaun an der Säbener Straße, der ums gesamte Gelände des FC Bayern geht, eine ganz neue Bedeutung.

Aber wer im Glashaus sitzt, der sollte nicht mit Steinen werfen, das ist ja allseits bekannt. Und ich hoffe, dass Uli Hoeneß bei seinem Prozess so viel Glück hat wie ich.

Ich hatte auch schon mal Ärger mit dem Gesetz. Ich habe ja nicht oft gefeiert, vielleicht so zwei-, dreimal im Jahr. Aber wenn ich dann gefeiert habe, dann so, dass es auch wirklich jeder mitbekam. Das war das Problem.

Ich habe bis heute nicht geraucht, und ich gehöre definitiv zu den Spielern, die in jedem Verein, bei dem sie waren, am wenigsten getrunken haben. Aber wenn ich gefeiert habe, dann richtig.

In Osnabrück wurde ich mal nachts um drei von der Polizei angehalten. Nach der Kontrolle saß ich schon hinten im Polizeiwagen. Die Beamten haben mein Auto beiseite gefahren. Dann bin ich aus dem Polizeiwagen gestiegen, weil mir das alles zu lange gedauert hat. Vier oder fünf Polizisten haben mich gejagt, sind hinter mir hergerannt. Sie haben mich natürlich nicht gekriegt, aber das hätte ich ihnen auch vorher sagen können.

Die Verfolgungsjagd ging weiter. Die Polizei hat mich mit vier oder fünf Streifenwagen gesucht, aber nicht erwischt, ich hatte einfach nur Glück. Ich habe dann meinen Anwalt angerufen, der mir riet, auf keinen Fall am kommenden Morgen zum Training zu gehen. Ich habe ihn dann gefragt, mit welcher Strafe ich rechnen muss. Da hat mein Anwalt gesagt: »Mit keiner. Hol dein Auto ab, die hätten deinen Porsche gar nicht einparken dürfen.«

Und die Quintessenz der Geschichte: Wenn du falsch parkst, kostet das 20 Euro. Vor der Polizei abhauen und das Auto am nächsten Morgen abholen kostet gar nichts.

Gut, die Polizei hat mich dann die nächsten zwei, drei Wochen, zweimal am Tag kontrolliert. Die Presse wollte natürlich auch wissen, was da los war mit mir und der Polizei. Ich habe auch sagen müssen, warum ich weg bin. Und ich habe noch hinzugefügt: »Die Polizei wollte mal Porsche fahren.«

Das war dann auch die Schlagzeile in der »Bild« am Tag darauf: »Die Polizei wollte Porsche fahren«.

Drei Tage später kommst du ins Stadion, und der ganze Block singt: »Wir wollen Porsche fahren, wir wollen Porsche fahren.«

Gott sei Dank haben wir das Spiel gewonnen, und ich habe gut gespielt – da war wieder Ruhe im Karton.

Ansgar im VfL-Trikot beim Fotoshooting für die Saison 1988/89

November
30
2013

EIN MAULWURF IN DER KABINE

#Bild #Kabine #ungeschriebenesGesetz

Maulwürfe gibt es in jedem Verein, alleine schon deshalb, weil es die »Bild«-Zeitung ja auch in jedem Verein gibt.

Stefan Effenberg hat mal gesagt: »Wenn du mit dem Teufel arbeitest, dann musst du aufpassen, was du sagst, weil es sonst auch mal auf die Fresse gibt.«

Die »Bild« rief immer mal wieder an und fragte: »Ansgar, was hat der Trainer hier gesagt, was hat er da gesagt, was habt ihr nach dieser Niederlage besprochen?«

Dann gibt es zwei Möglichkeiten. Entweder du sagst denen, passt mal auf, das braucht kein Mensch. Dann kriegst du vielleicht mal eine schlechte Note beim nächsten Spiel, dann kriegst du anstatt einer Drei auch mal eine Fünf. Oder du redest mit denen, und deine Mitspieler mögen dich hinterher besonders gern.

Aber ich finde: lieber die Klappe halten und eine Fünf bekommen als quatschen und von den Mitspielern als Judas bezeichnet werden.

Da muss man der Presse auch mal sagen: »Vor der Kabine steht ein Stoppschild, bis hierhin dürft ihr, aber keinen Schritt weiter.«

In einer Mannschaft sind 25 Profis, die sich jeden Tag in der Kabine treffen. Da wird über alles gesprochen. Über die Freundin, vielleicht auch über die Frau, vielleicht auch über eine Affäre. Aus dieser Kabine kommt normalerweise nichts raus. Das ist ein ungeschriebenes Gesetz einer funktionierenden Mannschaft. Die Kabine ist eine heilige Zone.

Und wenn sich einer nicht daran hält und Informationen aus der Kabine weitergibt, dann hat der einen ganz schweren Stand in der Mannschaft.

Wenn das rauskommt, bist du eigentlich erledigt und kannst dir einen neuen Verein suchen. Dann wird auch schon mal die Kabinentür geschlossen und es gibt von vier, fünf Jungs mal richtig auf die Fresse.

Das ist alles schon passiert.

Wir hatten mal einen Maulwurf in der Mannschaft, der ist nach seinem Verrat Fahrstuhl gefahren.

Der saß angekettet auf einem Stuhl, halbnackt, hatte Nutella und Marmelade im Gesicht und ist im Hotelfahrstuhl rauf- und runtergefahren.

Bis der Zeugwart ihn erlöst hat.

Eine Mannschaft wehrt sich eben, wenn so ein Lügenbaron dabei ist.

Dezember 14 2013

WEIHNACHTS-FEIERN

#BVCloppenburg #ArminiaBielefeld #ThomasVonHeesen

Fußballer trinken ja selten, eigentlich nur einmal im Jahr – auf der Weihnachtsfeier. Habe ich gehört.

Auf Weihnachtsfeiern ist der Alkoholpegel immer sehr hoch und die Stimmung richtet sich nach dem Tabellenplatz.

Bist du Erster wie Bayern München, dann tanzen alle auf den Tischen. Bist du im unteren Drittel der Tabelle, dann kommt bei der Weihnachtsfeier vielleicht auch mal das ein oder andere auf den Tisch, was sonst halt nicht gesagt wird.

Eine legendäre Weihnachtsfeier habe ich als Mannschaftskapitän des BV Cloppenburg erlebt – ich sollte eine Rede halten. Mein erster Satz war: »Ob der Trainer auf der Bank sitzt oder der Busfahrer – das ist bei uns ungefähr das Gleiche.« Diese Weihnachtsfeier ist nicht so gut gelaufen für mich. Ich wurde direkt suspendiert.

Bei einer Weihnachtsfeier in Bielefeld sollten alle im Anzug erscheinen. Ich bin dort aber wie immer hingegangen: mit zerrissener Jeans und Stirnband. Und irgendwann sagte mir der Trainer: »Ansgar, Woodstock war schon, hast du dich verlaufen?«

Oben drauf gab es noch eine Abmahnung von Sportdirektor Thomas von Heesen. Ich habe ihm aber noch auf der Weihnachtsfeier gesagt, dass er die behalten könne, weil ich für eine weitere Abmahnung gar keinen Platz mehr habe: »Die kannst du dir einrahmen lassen und in deine Küche hängen, Thomas.«

Von Thomas von Heesen habe vor Kurzem beim Kelleraufräumen Post gefunden. Das ist kein Spaß. Es war ein zehn Jahre alter Brief, ungeöffnet. Ich mache den Brief auf, dann ist da 'ne Abmahnung drin! Das habe ich Thomas neulich erzählt, er hat sich kaputtgelacht.

Ein Klassiker auf Weihnachtsfeiern ist ja immer die Tombola. Ich habe mal bei einem Verein gespielt, da haben die besten Preise immer die bekommen, die die Tombola organisiert haben! Fernseher, Porsche für ein Wochenende … Da sind die Lose mit den Hauptgewinnen immer schon vorher verteilt worden!

Da kaufst du Lose wie ein Irrer und was kriegst du? Immer den Trostpreis!

April 12 2014

TATTOOS

#DavidBeckham #JohnCarew #Rio #Tattoos

Nach dem ersten Stich wollte ich auch schon wieder gehen, das tut nämlich scheiße weh! Aber wenn du ein Tattoo haben willst, dann musst du da durch!

Ich wollte mir immer mal eins stechen lassen. Zwanzig Jahre habe ich mir was überlegt.

Jetzt habe ich eins in Schriftform auf der Seite: »Nur Gott wird mich richten«, auf Englisch natürlich: »Only God Can Judge Me«. Englisch können wir ja alle, oder?

Es ist pünktlich zur WM in Brasilien fertig geworden. Ich habe vor, in Rio zur Christusstatue zu gehen, um mit Gott zu sprechen.

Gott wird mir bestimmt nicht zuhören, aber vielleicht kann er ja mein Tattoo lesen.

Und dann werde ich auf diesem Berg in Rio de Janeiro einige Dinge mit ihm besprechen – bei einer Flasche Jack Daniels.

Bei Tattoos muss man übrigens höllisch aufpassen, gerade wenn man sich einen Spruch in einer Fremdsprache stechen lassen will.

David Beckham hat nicht aufgepasst. Der möchte ja immer was Außergewöhnliches, aber er hätte sich vielleicht den Namen seiner Frau nicht in Sanskrit tätowieren lassen sollen. Der Tätowierer hat den Namen falsch geschrieben: »Vihctoria« mit H. Dumm gelaufen. Ein Tattoo kannst du nicht mal eben wegradieren, da muss eine OP her oder du musst es weglasern lassen, Wahnsinn!

NICHT MIT ESSEN WERFEN

#BVB #ArminiaBielefeld #Bild #KevinGroßkreutz

Kevin, du weißt doch, die Mama hat gesagt, man wirft nicht mit Essen.

Kevin Großkreutz hat trotzdem Fans mit einem Döner beworfen und schaffte es dadurch auf die erste Seite der »Bild«.

Respekt, Kevin, du hast es geschafft! Jetzt nehmen sie dich ernst.

Als Fußballprofi wirst du häufig in der Öffentlichkeit provoziert. Da muss man schon aufpassen und seine Nerven im Griff haben. Das ist wie im Abstiegskampf: Wer die Nerven verliert, verliert das Spiel – und wer die Nerven öffentlich verliert, der kriegt Probleme.

Ich bin auch oft provoziert worden. Zum Beispiel in Bielefeld in einem Fastfood-Restaurant – da bin ich von einem Typen beleidigt worden.

Ich habe dann zu ihm gesagt: »Pass mal auf, du Planetenkaspar, was machst du denn hier? Du langweilst mich, geh mal drei Meter zurück oder hast du auch schon mal gegen die Bayern gewonnen?« Ich stand schon oberkörperfrei in dem Laden und hätte ihm auch aufs Maul gehauen, wenn meine Jungs mich nicht zurückgehalten hätten. Es ist nichts passiert.

Der Typ hat dann nachts um vier noch seinen Kumpel angerufen und behauptet, ich hätte ihm die Nase gebrochen. Dabei habe ich ihn aber gar nicht berührt.

Wenn man in eine solche Situation gerät, hat man als Fußballprofi sofort die Medien am Hals, und das nimmt dann erst mal kein Ende mehr. Das ist wirklich anstrengend und nervig, weil man über Fußball reden will, man will Fußball spielen, und das hält einen davon ab.

Die Boulevardpresse ist natürlich dankbar dafür, das stellt Kevin Großkreutz wahrscheinlich auch gerade fest.

Allerdings glaube ich nicht, dass ihm der Dönerwurf schaden wird. Vielleicht hat er dadurch demnächst sogar einen Werbevertrag mehr – mit einem Dönerhersteller.

Kevin Großkreutz ist eben noch einer dieser Spieler, die noch sagen, was sie denken. Manchmal denkt er ein bisschen weniger, aber dafür hat er ja seinen Trainer Jürgen Klopp. Der denkt dann für ihn mit.

Wenn seine Mannschaft Humor hat, und davon gehe ich aus, dann wird es irgendwann zum Mittagessen für alle Nudeln geben, und nur einer bekommt einen Döner. Ratet mal, wer diesen Döner bekommt. Und alle anderen ziehen sich dann besser einen Helm auf, während sie essen.

FUSSBALLER AUF ABWEGEN

#TimWiese #VinnieJones #StanyFalcone #KeesBregman

Tim Wiese wird jetzt Wrestler. So weit ist es mit ihm also schon gekommen. Ich habe immer gedacht, der will noch mal Fußball spielen. Aber wie soll das funktionieren? Wiese wiegt jetzt um die 120, 125 Kilo.

Trainiert er von morgens bis abends oder knallt der sich was rein, um solche Muskelberge aufzubauen?

Aber Tim Wiese ist nicht der einzige Fußballer, der nach seiner aktiven Karriere in anderer Funktion durchstartet. Viele Wege führen zum Glück.

Vinnie, »die Axt«, Jones ist ein gutes Beispiel dafür.

Vinnie war einer der härtesten Spieler, den die Premier League je gesehen hat. Danach ist er in Hollywood gelandet und macht jetzt großes Kino. Das ist mal eine Karriere. Erst spielst du Profifußball, das ist schon für viele der Traumberuf Nummer eins. Und dann geht der Mann nach Hollywood und hat noch mal Erfolg – Traumberuf Nummer zwei.

Vinnie spielt jetzt in Topkinofilmen mit – Respekt!

Karriere nach der Karriere geht aber auch anders: Der belgische Profi Jonathan de Falco hat nach der Karriere keine Fußballschule aufgemacht, er hat auch keinen Trainerschein gemacht oder einen Kiosk eröffnet.

Jonathan de Falco nennt sich heute Stany Falcone und ist tatsächlich schwuler Pornostar.

Kees Bregman, ein richtig guter Libero beim MSV Duisburg und bei Arminia Bielefeld, hat es auch mit einem zweiten

September
20
2014

Standbein versucht. Aber mit Kokain zu handeln war keine so gute Idee, dafür hat er zwei Jahre gesessen. Danach hat er sich gedacht: Ich mach mal einen Friseurladen auf in Amsterdam! Das ist auf jeden Fall sicherer.

Der Holländer Arjan de Zeeuw hat in England gespielt, heute ist er Drogenfahnder in seiner Heimat, was dort ja auch Sinn macht. Ich denke, der kann sich dort vor Arbeit kaum retten.

Und hin und wieder wird er bestimmt im Friseursalon von Kees Bregman auftauchen und ein paar Haarproben mitnehmen. Da bin ich mir sicher.

Sammelkarte von Vinnie Jones (1998)

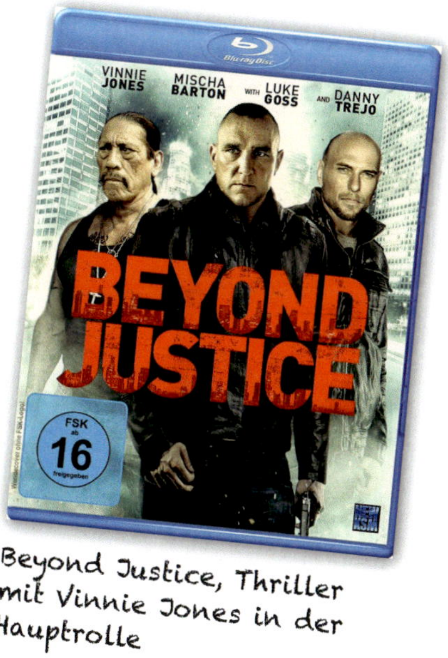

Beyond Justice, Thriller mit Vinnie Jones in der Hauptrolle

BEIM PAPST

Oktober 23 2014

#PapstFranziskus #FCB #ArminiaBielefeld

Der FC Bayern hat nach dem Champions-League-Spiel gegen den AS Rom eine Audienz beim Papst bekommen. Die Römer haben sie zuvor allerdings auch ohne päpstlichen Beistand 7:1 geschlagen. Der FCB will für die Zukunft auf Nummer sicher gehen. Da kann der Segen vom Papst nicht schaden. Eigentlich kann jetzt gar nichts mehr schiefgehen.

Sie haben dem Papst ein Trikot mitgebracht, hinten ist die Eins drauf und der Name »Franziskus« – ein schönes Geschenk.

Was ich nicht gewusst habe: Der Papst hat eine der größten Trikotsammlungen der Welt. Der Papst – und nicht irgendein Fußballfan! Franziskus hat nicht nur das Trikot von Messi und das von Ronaldo. Er hat die Trikots aller Topstars dieser Welt.

Bei diesem Papst hätte ich auch gern eine Audienz.

Wer ganz normal im Supermarkt einkauft, den Ärmsten der Armen die Füße wäscht, sich für nichts zu schade ist, der hat sein Amt verstanden, der lebt das mit Leidenschaft und der tut dieser Welt gut.

Lieber Papst, ich bringe dir auch ein Trikot mit und als Gegenleistung möchte ich nicht in die Hölle. Wenn ich Franziskus eine Frage stellen dürfte, dann würde ich fragen: Lieber Papst, deine große Leidenschaft ist ja Fußball. Da, wo ich herkomme, gehören Fußball, Frauen, Alkohol und Autos zusammen. Wann lebst du denn die anderen drei Dinge aus? Das frage ich mich tatsächlich. Oder schaut er wirklich nur Sky?

Lieber Papst, für Arminia Bielefeld musst du auf jeden Fall beten. Die wollen in drei Jahren wieder gegen den FC Bayern spielen. Das wirst du ja wohl hinkriegen.

Und sagst du mir bitte, was ich dafür tun muss? Ich hoffe nicht, über den Jordan fahren zu müssen, der Preis wäre ein bisschen hoch, aber ansonsten bin ich zu jedem Scheiß bereit!

Dezember
20
2014

OHNE FÜHRER-SCHEIN

#MarcoReus #ThorstenLegat #Autos #Strafe

Marco Reus muss 540.000 Euro Strafe zahlen, weil er jahrelang ohne Führerschein gefahren ist. 540.000 Euro! Leute, so viel verdienen die meisten von uns in ihrem ganzen Leben nicht!

Für mich ist das wirklich Kuriose an dieser Geschichte: Marco Reus hat ja schon tagtäglich Adrenalin pur aufgrund seines Jobs. Er spielt vor 80.000 Leuten, er ist Nationalspieler, er ist zum besten Bundesligaspieler gewählt worden. Aber das scheint ihm nicht zu reichen. Marco Reus muss ein Adrenalinjunkie sein. Sechs Jahre zittert er sich ohne Führerschein täglich durch den Straßenverkehr. Wahnsinn!

Allerdings bin ich sicherlich nicht der richtige Ansprechpartner für diese Situation. Ich erinnere mich, dass ich mit 13 das Auto von meinem Vater geklaut habe, der war Schuhverkäufer. Damit bin ich dann über den Highway gefahren. Das war auch Adrenalin pur, weil ich mal gerade übers Lenkrad gucken konnte. Aber es ist gut gegangen, Gott sei Dank.

Mit 17 ist es leider schiefgegangen. Da bin ich dann bei uns im Dorf aus der Kurve geflogen, Totalschaden, der BMW war hin, ein nagelneues Auto. Aber zum Glück ist keinem was passiert. Ich bin auch wirklich heilfroh, dass Marco Reus niemand anderem geschadet hat.

Und wer sich eine Strafe von 540.000 Euro leisten kann, der kann in Zukunft Thorsten Legat als Fahrer einstellen. Der ist Fahrer und Bodyguard in einem. Hauptsache, Marco Reus fährt nicht mehr selbst. Wenn er noch mal erwischt wird, darf er nicht mal mehr mit Huckleberry Finn auf dem Floß fahren.

Marco, jetzt musst du auch mal Vorbild sein. Mach endlich diesen Drecksführerschein.

Juni 27 2015

DIE HAND GOTTES

#DiegoMaradona #JulioCésar #FidelCastro

Diego Armando Maradona, der vielleicht beste Zehner aller Zeiten, will jetzt auch FIFA-Präsident werden.

Ausgerechnet Diego, der auch mal auf Journalisten schießt, wenn ihm die Fragen nicht passen.

Dann hätten wir einen an der FIFA-Spitze, der wirklich alles für diesen Job mitbringt. Er darf in Italien nicht mehr einreisen, weil er dort 40 Millionen Euro Steuerschulden haben soll. Das musst du als Fußballer erst mal schaffen.

Ich hätte mit dem besten Fußballer aller Zeiten, mit Diego Maradona, fast zusammengespielt. Julio César, früher Abwehrspieler beim BVB, hatte uns beide zu seinem Abschiedsspiel eingeladen. Er und Diego sind bestens befreundet, seitdem sie zusammen in Italien gespielt haben. Ich war pünktlich in der Kabine. Auf dem Platz neben mir – kein Witz – liegt das Trikot mit der Nummer zehn von Diego Armando Maradona. Wir haben alle nur auf ihn gewartet, aber der Penner ist nicht gekommen. Sein Manager hat am Morgen des Spiels 300.000 Euro für seinen Auftritt verlangt. Das hat natürlich niemand bezahlt. Die Strafe ist, dass Diego nie mit mir Fußball spielen durfte. Das hat er nun davon.

Und FIFA-Präsident wird Maradona wohl auch nicht. Sepp Blatter hat mal wieder angekündigt, dass er doch im Amt bleiben will. Bei allem Wahnsinn, den Maradona natürlich mitbringt – so einen hätte ich doch lieber als FIFA-Präsidenten als Blatter.

Dann würde die nächste WM wahrscheinlich bei seinem besten Freund Fidel Castro auf Kuba stattfinden. Diego und Fidel sitzen in der VIP-Loge und rauchen Zigarre. Kuba, da könnten wir uns alle drauf freuen. Wenn Katar eine WM kriegt, dann kann Kuba auch eine haben.

August
29
2015

WER ZULETZT KOMMT, ZAHLT DAS BIER

#Mainz05 #Darmstadt98 #GuidoSchäfer #Strafe

Darmstadt 98 hat einen Ehrenkodex aufgestellt, den alle Spieler unterschreiben mussten. In dem steht zum Beispiel, dass unter der Dusche nicht mehr gepinkelt werden darf. Und auf den Busfahrten wurde das Furzen untersagt.

Was ist nur aus unserem Fußball geworden?

Ich erinnere mich an Busfahrten, da wurde noch gepokert. Und wir haben auf alles gewettet: Ob's vor drei Uhr regnet oder erst nach drei. Oder ob uns als Nächstes ein rotes, ein blaues oder doch ein grünes Auto überholt.

Da ist schon mal die Kohle für einen Kleinwagen übern Tisch gegangen.

Und wenn wir mit allem fertig waren, mit Pokern und Wetten, und die nächste Raststätte nicht mehr weit war, dann haben wir ein neues Spiel begonnen. Und das ging so: Wer zuletzt kommt, der zahlt das Bier an der nächsten Raststätte. Ich glaube, das wäre heute ein Skandal.

In Mainz war es so, dass Guido Schäfer, einer der letzten Rebellen des Fußballs, immer das Bier bezahlen musste. Was bedeutet das, liebe Darmstädter? Ja, dass er immer zuletzt gekommen ist.

Bei diesem Katalog vom SV Darmstadt wäre für Guido Schäfer Schluss gewesen, weil er sich an wirklich nichts von dem, was da drinsteht, gehalten hat – an keinem einzigen Tag.

Guido Schäfer ist immer mit seinem roten FIAT zum Training gefahren. Direkt vor die Kabine, was eigentlich nur Zlatan

Ibrahimović darf. Dann ist er barfuß ausgestiegen, Oberkörper frei. Er war immer nackt in der Jeans, und wenn ich ihn gefragt habe: Guido, wo kommst du eigentlich wieder her? Dann hat er gesagt: »Ansgar – das willst du gar nicht wissen.«

Ein Strafenkatalog zu dieser Zeit? Da hätte der Verein den Spielbetrieb einstellen müssen. War aber auch 'ne geile Zeit.

EINWURF: GUIDO SCHÄFER

Bevor Ansgar zu uns stieß, hatte ich bei Mainz 05 mehrere Alleinstellungsmerkmale inne: 1.: Schäfer geht ungern heim und nur im Notfall ins eigene Bett. 2.: Kann nicht so gut bzw. gar nicht mit Autoritäten umgehen. 3.: Hat einen seltsamen Klamottengeschmack und riecht beim Frühtraining nach Sünde und Moschus.

Ansgar entriss mir die mühsam erkämpfte Stellung, toppte mich in nahezu jeder Hinsicht. Nur am Tresen behielt ich meine Vormachtstellung und rechtfertigte diese feinsinnige Beobachtung eines Mainzer Journalisten: »Es gab schon viele Fußballer, die Alkoholiker wurden. Es gab aber auch einen Alkoholiker, der Fußballer wurde: Schäfer.«

Ansgar war diesbezüglich ein Waisenknabe, ein Quartalstrinker. Wenn, dann aber richtig. Aus der Whisky-Flasche, gerne oben ohne, und sich auch schon mal untern Tresen entleerend.

Wir Brüder im Geiste kamen gut miteinander aus, waren der Appendix, das Prekariat des lieblichen Mainzer Kaders. Während ich im fortgeschrittenen Alter nahezu weise wurde und nicht mehr mit Anlauf in jedes Fettnäpfchen federte, blieb Ansgar wild und verwegen, legte sich mit Gott und der Welt an.

Gott war in Mainz unser Kapitän Michael Müller. Die Welt war Zeugwart Walter Notter. Müller war ein, ja, Vorzeigeprofi. Einer, der nach dem Duschen föhnte und das Feinripp-Unterhemd in die U-Hose nestelte. Ansgar hatte gar keine Unterwäsche. Nicht der einzige Streitpunkt zwischen den beiden. Zeugwart Notter rückte nur unter Gewaltandrohung Schuhe raus, dachte, Ansgar würde die verkaufen. Nun, er hat sie aus dem Kofferraum heraus verschenkt. An Kumpel, Freundinnen, Bettler.

Die Zerrüttung zwischen Ansgar und dem Rest der Mainzer Welt kulminierte in einer Beinaheschlägerei nach einem 1:1 in Chemnitz. Müller und Torwart Moppes Petz machten meinen Kumpel Ansgar an, monierten dessen Einstellung. Ansgar rief: »Ihr Scheiß-Mainzer!«, riss sich das Trikot vom Leib und wollte beiden eins auf die Glocke geben. Bin dann dazwischen.

Klar, dass nur ein einziger Nullfünfer zu Ansgars Abschiedsspiel geladen wurde: ich.

Er müsste zig Länderspiele und zig Millionen Euro haben. Er hat null Länderspiele und die Sonne im Herzen. Ich hielt ihm das mehrfach vor, addierte seine Gehälter bei TeBe, in Frankfurt und Bielefeld und kam auf einen konservativ geschätzten Kontostand von zwei Millionen Euro. Stand der Dinge war am Ende seiner Karriere aber: null.

Ich zu ihm: »Du hast sie doch nicht alle.« Er: »Das letzte Hemd hat keine Taschen.« Ich: »Da schlüpft man aber nicht mit 36 rein.« 2007 beendete der letzte Rebell seine Laufbahn. Typisch Ansgar: Sein Abschiedsspiel stieg erst zwei Jahre später, auf der Bielefelder Alm, an einem arschkalten Märzabend.

Der Wandler zwischen Genie und Wahnsinn hatte alles geladen, was Rang und Namen hat: Uwe Bein, Thomas Berthold, Stefan Kretzschmar, Sergej Barbarez, »Icke« Häßler und so weiter. Beim Match der Ansgar-Allstars gegen die aktuelle Bielefelder Bundesligatruppe blieb für Schäfers Guido nur ein Platz auf der Bank. Coach der Allstars war Jörg Berger, der in der Kabine eine ergreifende viersekündige Rede hielt. »Flach spielen, hoch gewinnen, Männer, höhöhö!« Ja, sehr lustig der Mann, dachte ich und platzierte mich während des Spiels taktisch klug in Griffweite. Zehn Minuten vor dem Ende war die komplette Besatzung der 36 Meter langen Ersatzbank beglückt. Bis auf mich.

Nun ja, ich erkundigte mich bei Herrn Berger, ob es dem Schäfer möglich sei, ein paar Minütchen mitzumengen. Berger guckte mich an, packte einen Zettel mit seinen Kaderaktivisten aus und rief: »Günther, mach dich warm, ich bring dich gleich!« Der Coach hat mich mit dem Stuttgarter Wadenbeißer Günther Schäfer verwechselt. Ich kam rein, sah keinen Ball, Abpfiff. Ansgar unter der Dusche: »Fehlerlose Partie.«

Super Erlebnis, danke Ansgar! Und für all die anderen auch.

Ansgar und Guido Schäfer

Dezember
19
2015

AFFÄREN

#Gregoritsch #HSV #VfLBochum #Frauen

Michael Gregoritsch vom HSV hatte eine SMS-Affäre, als er noch in Bochum gespielt hat. Der Ehemann seiner Affäre hat den Gregoritsch dann erpresst und gesagt: »Pass auf, du überweist mir mal 200.000 Euro auf mein Konto. Und wenn du das nicht machst, dann fick ich deine Karriere.« Die Frage ist: Hat man überhaupt eine Karriere, wenn man in Bochum spielt?

Ich hab ja immer gesagt: Fußball, Frauen, Autos, Alkohol und Musik gehören zusammen.

Das Problem ist, wenn du heute eine Affäre hast, darfst du auf keinen Fall vor deiner Geliebten einschlafen. Dann werden Selfies von dir gemacht und die werden dann rundgeschickt. Als Fußballer hast du in dem Fall natürlich ein Problem.

Frauen bilden oft vom Trainingsplatz bis zu deiner Wohnung eine Lichterkette. Da fährst du jeden Tag dran vorbei und musst hart bleiben, dir sagen: »Nein!«

Umso mehr Optionen du im Leben hast, umso gefährlicher wird's. Ich meine, wenn ich nur ein Auto habe, kann ich auch nur ein Auto fahren. Wenn ich aber 20 Autos habe, dann werde ich bestimmt nicht immer mit demselben Auto fahren!

Wenn du Single bist, ist das Leben einfacher.

Ich kann mich an Auswärtsfahrten erinnern, da hat es abends um halb elf an meinem Hotelzimmer geklopft. Ich dachte erst, der Trainer hat noch eine Idee oder irgendein Mitspieler will mit mir sprechen.

Dann machst du die Tür auf und es steht eine Frau vor dir. Die stellt sich nicht mal vor. Die küsst dich einfach.

Und dann solltest du sagen: »Nein, das geht jetzt nicht mehr, es ist schon spät, ich muss morgen Fußball spielen, du musst jetzt leider wieder nach Hause fahren.«

Und wenn die Frau dann auch noch aussieht wie eine glatte Zehn, dann handelt man sicher nicht immer vernünftig.

Es kommt auch vor, dass Frauen uns Spieler knallhart ausnutzen. Wenn sie ihr Ziel erreicht haben, dann sagen sie zu dir: »Ja, war schön mit dir, bist ein guter Typ. Petzen will ich es nicht, aber melden muss ich es!«

Januar
23
2016

LEGAT IM DSCHUNGELCAMP

#RTL #Dschungelcamp #ThorstenLegat

Thorsten Legat rockt das RTL-Dschungelcamp. Kasalla! Die erste Begegnung mit ihm hatte ich in der A-Jugend, beim Halbfinale der Deutschen Meisterschaft in Bochum. Ich habe für Bayer Uerdingen gespielt und Thorsten für den VfL. Er konnte leider nicht mitspielen, Wadenbein angebrochen, sein Fuß war in Gips. Auf dem Weg zum Spielfeld mussten wir Spieler durch einen schmalen Gang, und da saß er und hat jeden von uns beleidigt: »Wir machen euch fertig, ihr kommt hier nicht mehr heile raus!« Thorsten Legat war verletzter Spieler und Hooligan in einer Person – und das schon in der A-Jugend!

Im Dschungelcamp dreht er ja momentan auch etwas durch. Aber ich kann euch alle beruhigen: Thorsten Legat nimmt keine Drogen, der Mann ist authentisch! Aber genau das macht mir am meisten Angst. Er wirkt, als habe er im Kinofilm »Braveheart« mitgespielt. Er stand in der ersten Reihe, musste aber rausgeschnitten werden, weil er die Engländer alleine besiegt hat und danach den Hauptdarsteller töten wollte.

Aber wer Thorsten Legat kennt, weiß, dass er ein klasse Fußballer war, ein überragender Fußballer, der eine unglaubliche Karriere hingelegt hat, und dass er ein riesengroßes Herz hat. Der ist zu 100 Prozent Ruhrpott.

Thorsten Legat hat sich im Dschungelcamp am Zahn verletzt, als er einen Penis essen musste. Und mit Zahnarztbesuchen kennt er sich aus. Als er beim VfL Bochum gespielt hat, musste er mal zum Zahnarzt. Die Zahnarzthelferin hat zu Thorsten Legat gesagt: »Wir müssen röntgen, bereiten Sie sich schon mal vor!« Als die Arzthelferin zurückkam, um Thorsten Legat zu röntgen, hatte er sich ausgezogen – bis auf die Unterhose. Wohlgemerkt: beim Zahnarzt!

AUFLAGEN UND ULTIMATEN

#HSV **#BrunoLabbadia** **#FCGütersloh** **#HannesLinßen** **#Frauen**

Bruno Labbadia ist beim HSV rausgeflogen. Die Auflage des Vereins war, gegen den FC Bayern München zu punkten. So eine Auflage ist quasi schon die Kündigung. Gegen den FC Bayern punkten – ich schmeiß mich weg. So ein Ultimatum zu bekommen ist ungefähr so, als wenn du zum Tode verurteilt bist, 30 Schützen legen auf dich an und keiner trifft.

Ich habe Bruno Labbadia neulich noch getroffen und ihm geraten, dass er sich einen DeLorean kaufen soll. Wenn du vom Verein ein Ultimatum bekommst, dann setzt du dich in deinen DeLorean und machst erst mal eine kleine Zeitreise. In Gütersloh hat mir unser damaliger Trainer Hannes Linßen auch mal eine unfassbare Auflage aufgedrückt. Vor der Weihnachtsfeier hat er verkündet: »Alle dürfen heute was trinken, nur Ansgar nicht. Für Ansgar ist heute Teatime.«

Der Hintergrund war, dass ich am Abend zuvor in der Stadt über sieben Taxis gelaufen bin und Fensterscheiben eingeschmissen habe. Ich habe sozusagen eine ganze Straße in Schutt und Asche gelegt. Auf der Weihnachtsfeier Tee zu trinken war natürlich die Höchststrafe. Es war auch kurz der Gedanke da, wieder alles kaputt zu machen. Aber nur kurz, da musst du dich mal zusammenreißen. Und das habe ich sogar geschafft – ich war diszipliniert.

Mit Eintracht Frankfurt habe ich mal gegen die Bayern gewonnen, was eine Bitch auf der Tribüne richtig cool fand.

Ich habe den ganzen Abend mit ihr verbracht. Irgendwann um drei Uhr nachts sagte sie: »Ansgar, du darfst noch mit zu mir kommen, aber du musst auf dem Sofa schlafen. Wir kennen uns ja noch nicht so lange.« Da habe ich gedacht, ich spiele bei Schalke 04. Nur anschauen, nicht anfassen (die Meisterschale). Also habe ich zu ihr gesagt: »Sag mal, fährst du zum Flughafen, checkst ein und fliegst nicht ab?« Das hat sie gar nicht verstanden. So eine Auflage braucht wirklich kein Mensch. Diese Dreckscouch war auch noch unbequem. Wenn ihr als Trainer ein Ultimatum bekommt, und der nächste Gegner heißt FC Bayern, dann wisst ihr, dass ihr im Verein noch sehr, sehr viele Freunde habt.

EINWURF: HANNES LINSSEN

Hannes Linßen während der Saison 1995/96

Als ich Ansgar zum ersten Mal traf, fiel sofort auf, dass er ein leidenschaftlicher, geradezu fanatischer Fußballer war. Ununterbrochen konnte man mit ihm darüber sprechen.

Uns gelang es damals im Herbst, ihn günstig zu verpflichten, weil es in seinem alten Verein Probleme gab. Daher war ich überrascht, wie motiviert und engagiert Ansgar immer trainierte, nie gab es in diesem Bereich Probleme.

Der FC Gütersloh hatte in diesem Jahr große Schwierigkeiten: zuerst Steuerfahndung, dann zeitlich begrenzter Lizenzentzug und drei Punkte Abzug. Oft war die Stimmung angespannt, da hat uns Ansgar mit seinen flotten, ungewöhnlichen Sprüchen und seiner optimistischen Art sehr geholfen.

Für mich als Trainer war die Zusammenarbeit des Öfteren schwierig, weil Ansgar auf und außerhalb des Platzes unberechenbar war. An guten Tagen lieferte er mit brillanten Dribblings, klugen Pässen und sicheren Abschlüssen überragende Leistungen ab, konnte Spiele alleine entscheiden. An schlechten Tagen lief das Spiel an ihm vorbei, war dann ein Totalausfall. Auch neben dem Platz war er immer für eine Überraschung gut; ich will dazu zwei Geschichten, die sich so oder so ähnlich tatsächlich abgespielt haben, erzählen.

Kurz nach der Verpflichtung berichtete mir unser Manager Volker Graul, dass Ansgar dazu neigte, regelmäßig mehr Geld auszugeben, als er einnahm. Ich sprach mit ihm darüber. Es wäre doch sinnvoll, wenn er etwas vernünftiger mit seinem Geld umginge. Ein guter Beginn wäre, sich ein solides und günstiges Auto wie z. B. einen VW Golf zu holen. Ansgar nickte, er war einverstanden. Am nächsten Morgen, als ich zum Training kam, stand auf unserem Parkplatz ein riesiger weißer BMW mit rotem Nummernschild, das Auto brauchte zwei Parkplätze. Ich ging in die Kabine und fragte: »Wem gehört das Riesenauto?« »Ansgar«, sagten die Mannschaftskameraden. Ich fragte: »Ansgar, was soll das?« Er antwortete: »Trainer, seien Sie doch mal ehrlich, zu mir passt kein Golf oder?«

Ich habe nie mehr mit Ansgar über Geld gesprochen.

Einige Monate später, es war der Morgen nach dem letzten Hinrundenspiel, rief mich unser Geschäftsführer an: »Kannst du sofort in die Geschäftsstelle kommen? Ansgar hat diese Nacht um drei Uhr noch getanzt.« »Na und, es ist Winterpause.« »Weißt du denn, wo er getanzt hat?« »Nein, natürlich nicht!« »Auf dem Dach eines Taxis.« »Ich komme sofort!« Was war passiert? Ansgar hatte, aus welchem Grund auch immer, auf dem Dach eines Taxis getanzt. Natürlich hat er Riesenärger mit Taxifahrern bekommen. Danach musste er noch zur Polizei. Nun war er müde, ging aber nicht nach Hause, sondern legte sich im Zentrum von Gütersloh in den Liegestuhl im Schaufenster eines großen Möbelhauses und schlief ein. Obwohl es noch früh am Morgen war, standen sehr schnell relativ viele Menschen vor dem Schaufenster, schauten sich dieses ungewöhnliche Schauspiel an und sagten: »Da schläft Ansgar, der weiße Brasilianer.«

Oktober 15 2016

SELFIES KÖNNEN TÖDLICH SEIN

#FCK #OsayamenOsawe #FCGütersloh #HannesLinßen #Snapchat #CathyHummels #Instagram

Osayamen Osawe vom 1. FC Kaiserslautern hat sich krankgemeldet und ist dann 500 Kilometer bis nach Paris gefahren. Allein das ist ja schon bedenklich, wenn du krank bist.

Aber was macht dieser englische Vollpfosten? Er macht nachts um 2:44 Uhr ein Selfie in einem Nachtclub in Paris, mit Zigarre – und postet das auch noch bei Snapchat!

Osawe war aber vielleicht auch gar nicht in Paris. So wie Cathy, die Frau von Mats Hummels. Die hat mal bei Instagram ein Selfie gepostet und druntergeschrieben: »Liebe Grüße aus Paris.« Auf dem Selfie war aber leider im Hintergrund eine Apotheke zu erkennen, und es stand auch »Apotheke« dran – und nicht »Pharmacie« wie in Paris. Die Autos im Hintergrund hatten sogar alle deutsche Nummernschilder.

Vielleicht wollte Osawe auch nur angeben wie Cathy – und war gar nicht in Paris.

Wenn es zu meiner Zeit Fotohandys gegeben hätte, dann hätte ich keine Karriere gehabt. Es gibt Leute, die behaupten, ich hatte ohnehin keine – aber mit Fotohandys hätte ich definitiv keine gehabt.

Ich habe mit dem FC Gütersloh mal in Unterhaching gespielt. Dort war ich nachts unterwegs und kam gegen halb vier ins Hotel, wo mir der Schiedsrichter entgegenkam und mich fragte: »Ansgar, wo kommst du denn her?« Ich antwortete:

»Ich habe schlecht geträumt, Asthma, und ich kann nicht schlafen.«

Dieser Vollpfosten von Schiedsrichter hat zwar kein Foto von mir irgendwo reingestellt, aber er hat nach dem Motto gehandelt: Petzen will ich nicht, aber melden muss ich es.

Als ich am nächsten Morgen zum Frühstück kam, sah ich, wie der Schiri mit meinem Trainer und meinem Manager sprach. Daraufhin wurde ich von Trainer Hannes Linßen auf sein Zimmer zitiert. Hannes Linßen sagte nur: »Ansgar, du bist heute mal wegen Asthma suspendiert. Gute Besserung!«

Du brauchst also keine Handyfotos, wenn dich der Schiedsrichter, den du morgens um halb vier vor dem Hotel triffst, beim Trainer verpfeift. Dann bist du auch so erledigt.

Oktober
22
2016

SINGEN FÜR BREEL

#Whisky #S04 #BreelEmbolo #EintrachtFrankfurt #JanÅgeFjørtoft #ThomasSobotzik

Breel Embolo von Schalke 04 hat sich so schwer verletzt, dass er ein halbes Jahr ausfällt. Doch es gibt im knallharten Bundesligageschäft noch einen Rest Menschlichkeit. Die Fans und seine Mitspieler haben für ihn gesungen: »Hier bei uns auf Schalke, da ist der Breel zu Haus. Oh Embolo, oh, Embolo«.

Okay, der Gesang wird bei Breel Embolo zunächst noch mal Schmerzen verursacht haben. Aber es war natürlich eine schöne Geste.

Der Unterschied zwischen Breel Embolo und mir ist ganz einfach: Breels Mitspieler singen für ihn, wenn es ihm nicht gut geht – und meine Mitspieler haben mich angefahren!

In Frankfurt war ich auch mal richtig angeschlagen. Da hab ich in der Notaufnahme die stärksten Schmerztabletten bekommen, die es gibt. Nachts, irgendwann kurz vor Mitternacht, bin ich in die Stadt gefahren, weil nichts mehr geholfen hat. Die härtesten Schmerztabletten hatten versagt.

Da habe ich mir in einer Trinkhalle eine Flasche Whisky geholt. Anschließend bin ich über die Straße gegangen – und wurde von meinen eigenen Mitspielern angefahren. Jan Åge Fjørtoft und Thomas Sobotzik waren mit ihren Frauen auf dem Rückweg von einem Restaurant. Die Wahrscheinlichkeit, dass du in einer Großstadt wie Frankfurt ausgerechnet von Mitspielern über den Haufen gefahren wirst, tendiert wahrscheinlich gen null.

Der Witz ist, dass die beiden nach dem Crash auch noch weitergefahren sind. Das nennt man eigentlich Fahrerflucht. Doch nach 20 Metern hörte ich plötzlich eine Vollbremsung, der Wagen setzte zurück, das Fenster ging auf und Thomas Sobotzik fragte: »Ansgar? Was machst du hier?« Da habe ich nur gesagt: »Ich bin voll angeschlagen, es geht gar nichts mehr.« Daraufhin fragte Thomas weiter: »Und wo willst du jetzt hin?« Darauf ich: »Ich habe einen Termin mit Jack. Jack Daniels hier gegenüber in der Kneipe. Da gehe ich jetzt rein.«

Eigentlich wollte ich für Breel jetzt auch noch was singen, damit er schnell wieder auf die Beine kommt, aber die Schmerzen erspare ich ihm. Ich wünsche ihm einfach nur, dass er schnell zurück auf den Platz kommt und wieder Fußball spielen kann.

November 26 2016

ULI IS BACK

#UliHoeneß #FCB #ArminiaBielefeld #HansJoachimWatzke

Die Abteilung Attacke des FC Bayern ist zurück, und kurz nach seiner Wahl zum Bayern-Präsidenten hat er gleich mal wieder einen rausgehauen. »Leipzig hat 4:1 gewonnen. Wir haben neben Dortmund einen zweiten Feind, den wir jetzt endlich wieder attackieren können.« Uli Hoeneß ist wieder da, als wäre er nie im Knast gewesen.

Wenn ich bedenke, dass Uli Hoeneß mal zu Christoph Daum gesagt hat, Kriminelle hätten im Fußball nichts zu suchen, dann muss ich sagen: Respekt, dass Uli es nach seiner Haftstrafe sofort wieder an die Spitze des FC Bayern geschafft hat. Über 250.000 Mitglieder werden jetzt von einem Kriminellen angeführt.

Die Toten Hosen haben zwar mal gesagt, dass man nie für den FC Bayern spielen sollte, aber ich hätte doch gerne mal mit Uli über einen Vertrag verhandelt. Das sollte leider nie sein, weil wir immer unabhängig voneinander im Knast waren.

Als ich mit Arminia gegen den FC Bayern gespielt und ich mich mit allen Bayern-Spielern angelegt habe, kam Uli Hoeneß in der Halbzeit und sagte zu mir: »Ansgar, du musst echt mal ruhiger werden.« Das sagt einer, der noch einen Nebenjob im Atomkraftwerk hat, falls die Brennstäbe mal ausfallen.

Gelegentlich cruise ich mit meinem Auto nachts durch Bielefeld. Neulich wollte ich mir dabei eine Zigarre anzünden, aber mein Zigarettenanzünder im Auto war kaputt. Da dachte ich noch: Wenn jetzt Uli Hoeneß neben mir sitzen würde, dann bräuchte ich meine Zigarre nur an seine rote Bombe halten, um sie zu entzünden.

Uli Hoeneß gehört aber nun mal zu den Elefanten des deutschen Fußballs. In diesem Kinofilm, in dem Hoeneß, Beckenbauer, Seeler, Rummenigge und Breitner spielen, kann ein Typ wie BVB-Chef Hans-Joachim Watzke allerhöchstens die Karten abreißen. Ganz egal, wie viele Titel sein BVB noch gewinnt.

DER MODERNE FUSSBALL

DIE VAN DER VAARTS HABEN SICH GETRENNT

#RafaelVanDerVaart **#SylvieMeis** **#Frauen**

Die Van der Vaarts sind natürlich ein Promipärchen par excellence, und wenn die sich trennen, dann sind die Zeitungen voll. Ich wundere mich nur, dass von der Trennung noch nicht in der Tagesschau berichtet wird.

Wenn du Fußballprofi bist, das werden alle bestätigen, hast du nicht zwei, nicht drei Frauen, die sich für dich interessieren. Du hast eine ganze Lichterkette von Frauen, die du haben kannst.

Das macht es Fußballprofis oft leicht, aber man sollte schon genau hingucken.

Wenn sich eine Frau vier-, fünf-, sechs- oder siebenmal hintereinander in einen Fußballer verliebt – das ist dann definitiv kein Zufall mehr.

Ich habe in Frankfurt mal eine Diplomatentochter kennengelernt. Die hat sich für die Eintracht interessiert und irgendwann dann auch für meine Wenigkeit. Diese Frau hatte Personenschutz, weil ihr Vater Diplomat war, und musste sich immer abmelden, wenn sie irgendwo hinwollte.

Ich bin dann mal mit ihr durch die Gegend gefahren – und nach kurzer Zeit von der Polizei umstellt worden, weil sie vergessen hatte, sich zu Hause abzumelden.

Eine Woche später – nach einem Auswärtsspiel in Hamburg – kam ich wieder in meine Wohnung und sah, dass das Licht brannte, als ich zur Tür reinkam.

Da ist die tatsächlich bei mir eingebrochen, kein Spaß. Ich habe ihr gesagt, dass sie auch einen Schlüssel hätte haben können.

Es sind also nicht immer nur wir Fußballer, die hin und wieder mal am Rad drehen, die Mädels stehen uns in der Hinsicht oft in nichts nach.

Ich denke, dass Rafael van der Vaart stabil genug ist, dass ihn die Trennung in seiner Leistung nicht großartig beeinflusst. Natürlich geht das auch an ihm nicht spurlos vorbei, aber auf dem Platz kann der Mann alles vergessen. Das ist ein Straßenfußballer, der vergisst beim Fußball alles um sich herum. Der vergisst seine Frauen, der vergisst sein Konto, seine Autos, weil der Fußball spielen will.

Das spricht absolut für ihn.

DES FUSSBALLERS EITELKEIT

#JürgenKlopp #MichaelSternkopf #GNTM #Frauen

Jürgen Klopp hat sich Haare transplantieren lassen. Ob Kloppo auf dem Kopf aussieht wie ein Deoroller oder behaart ist – mir ist das relativ egal. Der Mann macht einen Topjob in Dortmund und was er mit seinen Haaren macht, ist seine persönliche Sache.

Jürgen Klopp mit Ansgar

Wenn du dir heute Götze, Gündogan, Özil oder Khedira anschaust, und wenn du bei denen allein die Augenbrauen betrachtest, kommt man schnell auf den Gedanken, dass diese Junge mit einer Schablone unterwegs sein müssen. Wie die Topmodels – immer topgestylt.

Kein Problem! Wenn sie darauf Bock haben, sollen sie das machen! Fußballer haben viel Zeit, um sich mit solchen Dingen zu beschäftigen – und auch genug Kohle.

Einer meiner früheren Spieler hatte schon immer das komplette Pflegeset dabei, das war im Prinzip ein Extrakoffer. Da war alles drin: Föhn, Shampoo in acht verschiedenen Sorten, Hautcremes.

Der hat 'ne halbe Stunde gebraucht, um sich fürs Training fitzumachen, und nach dem Training noch mal 'ne halbe Stunde. Wir haben ihm dann auch gesagt, dass er sich am besten bei »Germany's Next Topmodel« anmelden soll.

Wenn Ex-Bayernspieler Michael Sternkopf in der Kabine Haarspray benutzt hat, war eine ganze Pulle gar nichts. Der war wirklich extrem. Der hat in der Kabine länger gebraucht als so manche Frau zu Hause.

Und wenn wir 'ne Sonnenbank in der Kabine gehabt hätten, hätte er sich da wahrscheinlich auch noch druntergelegt.

Für mich gab es immer nur zwei Möglichkeiten im Leben: Entweder siehst du aus wie James Bond und hast deswegen gute Chancen bei Frauen oder aber du kannst Fußball spielen.

Gott sei Dank trifft bei mir die erste Variante zu!

MARIO GÖTZE GEHT ZUM FC BAYERN

#FCB **#BVB** **#MarioGötze** **#KevinPezzoni**

37 Millionen Euro – das ist natürlich eine Hausnummer. Grundsätzlich darf jeder Spieler den Verein wechseln. Das gilt für Mario Götze, für Cristiano Ronaldo oder für Mesut Özil. Dass so ein Wechsel vielen Fans nicht gefällt, ist natürlich auch logisch.

Es kommt immer auf die Umstände und den Zeitpunkt des Wechsels an. Und der war bei Mario Götze katastrophal. Im März hat er noch seinen Vertrag beim BVB verlängert und ewige Treue geschworen – jetzt geht er doch und ausgerechnet zu den Bayern.

Wenn du dem BVB die Seele rausreißt, den Fußballgott schlechthin, darfst du dich nicht wundern, wenn die Fans toben. Gerade, wenn so ein Wechsel nur über Umwege ans Tageslicht kommt.

Wer auch immer diesen Transfer so kurz vor dem Champions-League-Halbfinale bekannt gegeben hat, die Bayern, die Medien oder Götzes Berater – demjenigen müsstest du eigentlich direkt in die Fresse hauen oder ihn ins Dschungelcamp schicken. Unmöglich, zu so einem Zeitpunkt so ein Ding rauszuhauen.

Das alles ist aber nicht die Schuld des Spielers Mario Götze. Und dass der jetzt von BVB-Fans öffentlich bedroht wird, geht gar nicht.

Fans dürfen nicht machen, was sie wollen. Das haben wir im Fall Kevin Pezzoni vom 1. FC Köln gesehen. Bei Pezzoni standen Fans vor der Haustür und haben dem Spieler Schläge angedroht.

April
27
2013

Ansgar mit Mario Götze

Der Fan zahlt Einritt im Stadion, da kann er die Spieler beschimpfen: »Du Blinder, du Penner, verpiss dich.« Das ist alles okay, dort können Fans ihre Emotionen rauslassen. Aber nicht vor der Haustür der Spieler!

Wenn das ein Fan bei mir gemacht hätte, hätte ich ihn zur Rede gestellt: »Pass mal auf, was willst du hier?!« Da muss man sich eigentlich fast schon körperlich wehren. Das wird ja noch erlaubt sein.

Der FC Bayern tut den Dortmundern gerade richtig, richtig weh. Aber das ist typisch Bayern: direkte Konkurrenten schwächen – das machen sie ja schon jahrzehntelang, und das machen sie auch erfolgreich. Viel können die Bayern momentan nicht, aber das können sie.

Jeder Fan betet zum Fußballgott, dass mal ein Spieler kommt, der finanziell von Barcelona oder vom FC Bayern geködert wird, dann aber öffentlich im Stadion sagt: »Ich kann für 50 Millionen wechseln, aber das hier ist mein Verein, das sind meine Farben! Ich bleibe!« Auf so einen Spieler warte ich noch und ich hoffe, dass ich den noch erlebe.

Ich glaube, diesen Spieler würden die Fans auf Händen tragen – egal, ob er auf dem Platz einen guten oder schlechten Tag hat –, und das bis zum Ende seiner Tage.

GELD

#TeBe **#SergeiKirjakow** **#TebartzVanElst**

Bischof Tebartz-van Elst hat sich in Limburg an der Lahn eine Villa gebaut. Und was für eine. Ist der Fußballprofi? Da sieht es aus wie bei den Beckhams.

Bei Fußballern hat sich in den letzten Jahren in Sachen Geld einiges verändert. Wenn Fußballer heute essen gehen, steht auch schon mal ein Privatjet bereit, und dann wird eben ein Restaurant in London besucht.

Ob das wirklich nötig ist, ist eine andere Frage. Auch bei uns in Deutschland gibt es ganz gute Restaurants.

Als ich von Frankfurt nach Berlin gewechselt bin, habe ich Sergei Kirjakow kennengelernt. Das war ein Erlebnis, denn »Kiki« hat schon damals die Kohle richtig rausgehauen.

Er hat mich zum Essen eingeladen. Ich kam in die Hotellobby – und zwar so, wie ich es gewohnt war. Mit Jeans, Shirt und Turnschuhen.

Da sagte Kirjakow zu mir: »So kannst du nicht mit.«

Darauf ich: »Tschuldigung? Warum nicht?« Da antwortete er: »Da wo wir hingehen, lassen sie dich so nicht rein.«

Dann waren wir in einem Restaurant, in dem der Kaffee schon 20 Euro gekostet hat. Und das Essen dann pro Person 400 Euro. Das glaubt einem ja keiner. Das braucht auch kein Mensch.

Sergei Kirjakow hat dem Zeugwart mal vor einem Spiel 250.000 Mark in die Hand gedrückt und gesagt: »Pass mal kurz drauf auf.«

Der Zeugwart bewegte sich während des ganzen Spiels nicht mehr. Der hatte jede Sekunde Angst, überfallen zu werden.

Wenn man in die Amateurklassen guckt, da geben die Spieler ihre Uhr und vielleicht mal 50 Euro beim Zeugwart ab. Und Kirjakow drückt dem 250.000 Mark in die Hand.

Gerarde als junger Spieler musst du aufpassen, dass du nicht zu sehr mit deinem Geld protzt. Wenn du 18 oder 19 bist und schon viel Geld verdienst, ist es nicht ratsam, mit einem Ferrari vorzufahren.

Gerade wenn du auf Schalke oder in Dortmund – oder generell im Pott irgendwo – spielst, kommt das nicht so gut an. Wenn du dort auf dicke Hose machst, bekommst du häufig Probleme, denn die Fans und Sponsoren sehen das nicht so gerne.

KEVIN-PRINCE HAT GERAUCHT

#KevinPrinceBoateng #HannesLinßen #GuidoSchäfer #HeikoBonan #RüdigerKauf

Nach dem Schalke-Sieg in Leverkusen saß Kevin-Prince Boateng in der Kabine, trank ein Bier und rauchte eine Zigarette. Was für ein Bild – das hat inzwischen echt Seltenheitswert bei diesen hochbezahlten Profis von heute.

Eigentlich denkt man, dass die nach so einem Spiel in der Kabine sitzen, einen Salat essen und Vitamingetränke zu sich nehmen. Doch Boateng saß da, rauchte eine und trank Bier.

Das Problem der meisten Profis heutzutage heißt Fotohandy. Nirgendwo sind sie sicher, nicht mal mehr nach dem Spiel in der Kabine. Eigentlich ist die Kabine heiliger Boden, da bleibt normalerweise immer alles innerhalb der Mannschaft, zu 100 Prozent. Aber ab und zu schafft es eben ein Foto aus der Kabine.

Wir können froh sein, dass es früher keine Fotohandys gab, weil 80 Prozent meiner Mitspieler geraucht haben.

In der Halbzeit hat es auf der Toilette gedampft, da war Bodennebel. Der Trainer hat in der Kabine eine Halbzeitansprache gehalten – und währenddessen haben vier, fünf Jungs eine geraucht.

Rüdiger Kauf von Arminia Bielefeld hat definitiv Kette geraucht. Oder Heiko Bonan. Der hat in Karlsruhe und Bochum gespielt. Bonan hat in jeder Halbzeit geraucht. Das brauchte der auch. Und Trainer Hannes Linßen wusste das.

März
01
2014

Der hat dann mal kurz gefragt: »Wo ist Heiko?« Wenn niemand geantwortet hat, war ihm alles klar: »Hoffentlich ist der mit der Kippe bald fertig.«

Mein Mitspieler Guido Schäfer ist mal direkt vom Weinfest zum Training gekommen. Er fuhr mit seinem Auto jedes Mal direkt vor die Kabine, ist dann barfuß ausgestiegen, Oberkörper frei, und hatte mal wieder keine Unterhose an. So ist der jeden Tag zum Training gekommen. An so einem Typen hätten die Medien heute ihre helle Freude.

Mittlerweile sind solche Auftritte undenkbar. Deswegen finde ich es umso schöner, wenn mal ein Foto rumgeht, das Kevin-Prince Boateng in der Kabine zeigt, wie er eine raucht und ein Bier trinkt.

Respekt dafür!

K.-P. Boateng rauchend und Bier trinkend in der Kabine

UNDANKBARE FANS

#BVB #KevinGroßkreutz #ChampionsLeague #RealMadrid

Achtelfinale in der Champions League: Borussia Dortmund verliert zwar 1:2 gegen St. Petersburg, schafft es aber trotzdem ins Viertelfinale, wo jetzt Real Madrid wartet. Und trotzdem sitzen da doch tatsächlich Leute im Publikum, die pfeifen. Dafür habe ich kein Verständnis. In einer solchen Situation kann ich Spieler wie Kevin Großkreutz verstehen, die sich über das eigene Publikum aufregen.

Da schafft es der BVB ins Viertelfinale der Champions League und man serviert den Fans Real Madrid. Es kommt also nicht Energie Cottbus, sondern Real Madrid mit dem Weltfußballer Cristiano Ronaldo. Und irgend so ein Talentfreier sitzt in der fünften Reihe, hat seine Sitzplatz-Dauerkarte und pfeift. Dieser Typ muss sich mal an den Kopf packen. So einen musst du einweisen lassen. Das ist nicht normal.

Natürlich dürfen Fans auch mal pfeifen, das ist okay. Ich erinnere mich an einen Fan, der sogar immer zum Training gekommen ist, um uns zu beschimpfen: wir Spieler würden zu viel Geld verdienen, wir müssten mehr laufen.

Irgendwann stand dieser Fan dann beim Torschusstraining zu nah am Tor. Alle 18 Spieler haben auf ihn gezielt und ein paar haben ihn auch getroffen.

Leider hat das nicht gewirkt. Am nächsten Tag war er wieder da, tobte und beschimpfte uns alle erneut. Irgendwann half nur noch Trainingsverbot, weil er uns echt genervt hat.

Wenn eine Mannschaft im Abstiegskampf ist und sich hängen lässt, dann sind Fans sehr sensibel, und meistens sind es dann die Stehplätze, die zu Recht pfeifen. Das kann eine Mannschaft aufrütteln. Aber irgend so ein Talentfreier auf einem Sitzplatz, dem der Einzug ins Viertelfinale der Champions League nicht genug ist? Vielleicht hat er den ganzen Modus nicht ganz begriffen. Vielleicht hat der gedacht, das war ein Punktspiel oder dass der BVB raus wäre. Vielleicht hat der gar nicht geschnallt, dass Borussia Dortmund eine Runde weitergekommen ist und der Weltfußballer Ronaldo nach Dortmund kommt.

Real Madrid – was gibt es denn Schöneres? Das hat der BVB seinen Fans, den Sponsoren und den Medien beschert.

Damit sollten wir mal alle zufrieden sein, auch auf den Sitzplätzen.

Oktober 11 2014

FREISTOSS-SPRAY

#TÜV **#WM2014** **#Schiedsrichter**

Unsere Schiedsrichter sind seit der WM in Brasilien ganz heiß auf das neue Freistoßspray. Aber, meine lieben Schiedsrichter, ihr müsst euch noch etwas gedulden. Das Freistoßspray wird in der Bundesliga erst mal nicht zugelassen.

Dieses Sprühzeug wird extra aus Argentinien eingeführt. Aber der TÜV hat es überprüft und festgestellt, dass dieses Spray Parabene enthält, die hormonell wirksam seien und deshalb bei uns und in der EU nicht zulässig sind.

Jürgen Klopp wurde dazu auf einer Pressekonferenz befragt und sagte: »Für mich hat's keine Relevanz, ich find' das Spiel per se schon geil.«

Der TÜV hat aber noch mehr zu meckern: Es fehlt eine Kennzeichnung dafür, dass das Freistoßspray brennbar ist.

Jetzt mal bei aller Liebe, was soll da passieren?

Glaubt ihr, dass ein Schiri Feuer fängt, wie eine Fackel durchs Stadion läuft und dann auch noch die Tribünen anzündet? Und der TÜV bedenkt bestimmt auch noch, dass ein Stadionbrand auf die Stadt überspringen kann. Letztendlich brennt dann alles – nur wegen des Freistoßsprays.

Wenn man sich das alles bildlich vorstellt, dann muss ich wirklich sagen, lieber TÜV, ihr habt recht!

Sprühdosen braucht kein Mensch.

Es wird Zeit, dass dieses Spray kommt. Es macht Sinn und hat sich bei der WM bewährt. Da soll der TÜV die Kirche im Dorf lassen. Das Freistoßspray hilft dem Sport, dem Schiedsrichter – es hilft allen Beteiligten.

Aber bevor so eine Dose die ganze Allianz-Arena in Schutt und Asche legt, lassen wir es lieber. Bedenkenträger wie der TÜV machen mir Angst.

HELENE

Februar 28 2015

#SCPaderborn #FlorianSilbereisen #HeleneFischer #FCSP

Der SC Paderborn hat eine Prämie für den Nichtabstieg ausgerufen: Helene Fischer! Die hören die Spieler auch gerne im Bus. Momentan singt die Mannschaft aber eher »Punktelos durch die Nacht«. Zu meiner Zeit gab es einen Porsche oder einen Flug mit einem Tornado als Prämie für den Klassenerhalt – heute ist es Helene Fischer.

Eins ist mal sicher: Da, wo ich gespielt habe, hätte Helene Fischer Geld mitbringen müssen, um singen zu dürfen. Wahnsinn. Wenn du Helene Fischer als Prämie ausgibst, dann bist du schon so gut wie abgestiegen. Mich würde interessieren, wie viele aus der Paderborner Mannschaft überhaupt keinen Bock auf sie haben. 50 Prozent? Die fühlen sich ja verarscht, wenn sie nicht absteigen sollten. Dann kriegst du Helene Fischer. Na, herzlichen Glückwunsch!

Beim FC St. Pauli gab es mal einen Sponsor aus dem Rotlichtmilieu, der eine Nichtabstiegsprämie ausgelobt hat, die einige Spieler wirklich motiviert hat. Der Sponsor hat gesagt, jeder Spieler, der ein Tor schießt, bekommt bei mir einen Freistoß. Da hat keiner mehr abgespielt, da wollte jeder das Tor machen. Es sollen selbst Abwehrspieler völlig unmotiviert aus 65 Metern aufs Tor geschossen haben.

Okay, Paderborn, wenn ihr nicht absteigt, werdet ihr mit Helene Fischer belohnt. Aber solltet ihr absteigen, dann bekommt ihr, wie ich gehört habe, von einem Hauptsponsor das »Frühlingsfest der Volksmusik« mit dem Mann von Helene Fischer, mit Florian Silbereisen.

Das sollte eine wirksamere Motivation sein.

Ansgar sollte recht behalten, der SC Paderborn stieg als Tabellenletzter in die zweite Liga ab. Ob Helene Fischer schuld am Paderborner Bundesligaabstieg war, wird sich allerdings nie wirklich klären lassen.

FREIE REDE

#HSV **#HeikoWestermann** **#GarreltDuin**

Heiko Westermann hat sich während seiner Zeit beim Hamburger SV lautstark mit NRW-Wirtschaftsminister Garrelt Duin angelegt. Der Minister ist HSV-Fan und meinte vor einem Spiel gegen Dortmund, der HSV solle doch ohne Westermann spielen.

Westermann hat zunächst die Antwort auf dem Platz gegeben, ein geiles Spiel gemacht und dann nachgelegt: »Die ganzen Idioten, die ganzen Kritiker, die denken, sie haben den Fußball erfunden, die können mich mal.« Das hat er gesagt. Bäääm!

Endlich spricht mal wieder ein Profi, ohne vorher seine Mutter zu fragen, ohne den Verein zu fragen, ohne den Berater zu fragen. Hut ab, wir haben genug Spieler, die in der Bundesliga rumrennen und bei Interviews ihren Berater fragen, wie sie sich fühlen. Wenn dann mal einer kommt wie Heiko Westermann und sagt, was er denkt, ist das menschlich, das kann ich nachvollziehen.

Ich habe 38 Trainer gehabt, und wenn ich andauernd gemacht hätte, was die mir sagen, dann wären meine 20 Jahre Profifußball verdammt langweilig geworden.

Ich weiß noch, dass ein Trainer zu mir gesagt hat: »Ansgar, pass auf, heute ist es taktisch ein ganz anderes Spiel.« Darauf habe ich erwidert: »Trainer, das kannst du deinem Gärtner erzählen. Ich habe meine Taktik mitgebracht, meine eigene, und die spiele ich heute. Und wenn dir das nicht passt, dann musst du mich auf die Tribüne setzen oder mich verkaufen, kannst du dir aussuchen.« Oft bin ich dann auch verkauft worden.

Man kann im Leben nicht immer nur anderen hinterherrennen. Doch viele Spieler scheinen mittlerweile Angst zu haben, sich in der Öffentlichkeit zu äußern. Vielleicht kriegen die so einen Druck vom Verein, dass sie permanent aufpassen müssen, was sie sagen. So was will ich nicht. Auch die Fußballer wollen das nicht, die Fans wollen das nicht, das will keiner. Wir wollen authentische Jungs, die auch mal ihre Meinung sagen. Das gehört zum Profifußball eben dazu. Also, liebe Jungstars, bevor ihr euren Berater fragt, wie ihr euch fühlt, oder wenn ihr Selbstvertrauen braucht, dann kommt einfach mal in mein Büro. Dafür brauche ich eine Stunde, und das reicht dann bis zum Ende der Karriere.

DOPING

März
21
2015

#Captagon #Doping #Abstiegskampf #TimWiese

In den 70er- und 80er-Jahren soll beim SC Freiburg und beim VfB Stuttgart gedopt worden sein. Ich kann mir nicht vorstellen, dass im Fußball permanent gedopt wird, aber natürlich kann man Doping im Fußball auch nicht ausschließen.

Doping bringt im Fußball nicht viel. Das Spiel ist so komplex, da ist Doping nicht kriegsentscheidend. Ich habe auch noch nie gehört, dass es irgendeine Tablette für Ballgefühl gibt. Ich kenne auch keine Tablette für Talent, und ich habe auch noch keine Tablette gesehen für peripheres Sehen oder um einen Gegner auszuspielen. Sollte wirklich mal jemand solche Tabletten erfinden, dann müssen wir alle Angst haben. Dann können plötzlich auch Talentfreie Fußball spielen.

In 20 Jahren Profifußball habe ich aber tatsächlich einmal Doping erlebt. Ich war mal wieder im Abstiegskampf. Vor dem Spiel sagte jemand: »So Leute, wenn sich einer hier heute nicht gut fühlt, dann habe ich hier ein paar Vitamine. Ansgar, nimm einfach eine davon, das Ding kann jetzt helfen.«

Captagon hießen diese Pillen damals. Ich habe eine davon genommen. Im Prinzip hat es nicht viel gebracht, man ist ein bisschen aufgedreht, ein bisschen überdreht. So aufgeputscht spielt man viel schneller Foul, bekommt viel schneller eine Gelbe Karte. Wirklich produktiv war das nicht. Nachts um drei ist dein Körper von der einen Tablette Captagon immer noch aufgedreht. Deine Freundin hat natürlich auch noch was davon. Halleluja!

Was passieren kann, wenn man Dopingmittel nimmt, kann man ja an Tim Wiese beobachten. Der sieht jetzt aus wie ein Marshmallow. Das hat er sich nicht antrainiert, da könnt ihr mir erzählen, was ihr wollt. Das sind gekaufte Muskeln, und die wollen wir nicht.

Die braucht kein Mensch.

Mai
02
2015

DIE SÜNDENBÖCKE DES FC BAYERN

#FCB **#BVB** **#Elfmeterschießen** **#DFB-Pokal**

DFB-Pokal, Halbfinale. Ich war auf der Alm. Arminia verliert 0:4 gegen Wolfsburg und ich meine Stimme.

Scheißegal. Die Stimmung war Weltklasse!

In München ist die Stimmung nicht so gut. Bayern hat zeitgleich im Elfmeterschießen gegen Borussia Dortmund verloren. Und wie … So ein Elfmeterschießen habe ich noch nie gesehen. Die Bayern verschießen gleich vier Elfmeter.

Überhaupt: Alle Spieler, die in München einen Elfmeter verschossen haben, waren Weltmeister! Lahm, Alonso, Neuer, Götze für die Bayern, Hummels auf Dortmunder Seite – unglaublich! Das ist ungefähr so, als wenn fünf Mercedes S-Klassen nicht anspringen. Ist eigentlich gar nicht möglich.

Jeder Kreisligafußballer hat das im Fernsehen gesehen. Das ist ein runder Ball, da kommt man frei zum Schuss! Unglaublich, was Weltmeister daraus machen können.

Jetzt wird in München natürlich ein Schuldiger gesucht. Der FC Bayern hat ja kürzlich sogar Dr. Müller-Wohlfahrt weggeekelt. Und wer nicht mal vor Dr. Müller-Wohlfahrt halt macht, der entlässt nach so einer Pleite auch den Wettergott, den Zeugwart und den Elfmeterpunkt.

Der Elfmeterpunkt wird vermutlich verbrannt, nicht tauglich für den FC Bayern, für diese hohen Ansprüche. Und der Platzwart muss wohl auch dran glauben. Die Bayern werden schon einen Schuldigen finden, wenn mal was nicht klappt wie geplant.

Vielleicht sollte ich mich mal bei den Bayern bewerben. In die Bewerbung schreibe ich: »Wenn mal wieder was schiefläuft, dann halte ich den Kopf dafür hin! Egal was. Dann könnt ihr mich entlassen.« Einzige Bedingung: ein Dreijahresvertrag und die Abfindung in bar. Danke!

ACHTUNG, LIPPENLESER!

#ArminiaBielefeld #BennoMöhlmann #DirkVanDerVen

Autogrammkarte der Saison 1999/2000

Thomas Müller ist ausgewechselt worden, was keiner so richtig verstanden hat. Er hat dann wohl zu Pep Guardiola gesagt: »Was soll diese Scheiße hier?«

Auf jeden Fall hat das eine Lippenleserin analysiert. Wo sind wir eigentlich hingekommen?

Im deutschen Fußball kann man beobachten, dass unsere Profis jetzt immer die Hand vor dem Mund haben, wenn sie sich auf dem Fußballplatz unterhalten, weil sie Angst vor Lippenleserinnen haben!

Was dürfen Fußballer noch in Zukunft? Wenn zu meiner Zeit ein Lippenleser unterwegs gewesen wäre, dann wäre ich ein Leben lang gesperrt worden, das ist mal sicher. Dafür hätte ein Spiel ausgereicht.

Ich kann mich erinnern, dass mich Schiedsrichter angesprochen haben, und ich habe dann gesagt: »Schiedsrichter, habe ich eine Null gewählt, dass du mit mir sprichst?« Dafür gab es Gelb, das war okay, aber man konnte einfach mal sagen, was man denkt.

Gut, ich war so weit, dass Trainer mich gefragt haben, ob sie mich auswechseln dürfen. Benno Möhlmann hat mal in Mainz in der Halbzeitpause zu mir gesagt: »Ansgar, du bleibst draußen.« Darauf habe ich dem geantwortet: »Nein, Benno, hier habe ich mal gespielt, mit Jürgen Klopp zusammen. Ich spiele weiter. Das war hier mal mein Wohnzimmer.«

Dann hat Benno Möhlmann gesagt: »Gut, Herr van der Ven, dann bleiben Sie draußen.«

Na ja, zwei Minuten später war ich dann auch in der Kabine. Dirk van der Ven stand schon unter der Dusche und fragte mich, als ich dazukomme: »Ansgar, und, hat er dich doch ausgewechselt?« Ich sage nur: »Nee, Rot.«

Leute, ganz ehrlich, das ist so langsam nicht mehr mein Sport. Wenn man dem Trainer nicht mal mehr sagen darf: »Pass mal auf, du Vollpfosten, jetzt holst du mich raus, hast du sie noch alle«, und da Lippenleser unterwegs sind – also in zehn Jahren haben wir dann nur noch Profis auf dem Platz, die die Benimmschule vom DFB durchlaufen haben und wahrscheinlich noch vorweisen müssen, dass sie im Kirchenchor waren, bevor sie dann Fußballprofi werden dürfen.

Das macht mir ein bisschen Angst, muss ich sagen.

FRAUEN-FUSSBALL-WM

#JogiLöw **#Nagelfeile** **#Frauenfußball** **#SilviaNeid**

Ich habe ja schon einiges im Fußball gesehen, aber so was nicht: Joachim Löw hat es fertiggebracht, sich bei einem Länderspiel die Nägel zu feilen. Halleluja!

Da sind überall Kameras im Stadion, da guckt ganz Deutschland zu. Und Jogi feilt sich die Nägel? Der Junge ist ja eiskalt. Das musst du erst mal bringen.

Der DFB überlegt jetzt ernsthaft, Jogi Löw als Unterstützung für Frauenbundestrainerin Silvia Neid nach Kanada zur Frauen-WM zu beordern. Da im Hotel der Damen schon alles ausgebucht ist, hat man gesagt, dass Jogi mit zu Silvia Neid aufs Zimmer kommt – kann ja nichts passieren. Und wenn Silvia oder eine der Spielerinnen mal 'ne Nagelfeile brauchen, Jogi hat ja immer eine dabei. Nebenbei können sie dann über Taktik sprechen, übers nächste Spiel.

Unsere Frauen treffen jetzt auf die Schwedinnen. Dieses Spiel darf ich auf gar keinen Fall verpassen. Die Schwedinnen sind fußballerisch eine Konkurrenz fürs deutsche Team und optisch natürlich auch.

Ich bin mit Frauenfußball groß geworden. Meine Schwester hat in der Bundesliga gespielt. Ich hatte eine Freundin, die Bundesliga gespielt hat.

Was ich gelernt habe: Man darf Frauenfußball nicht mit Männerfußball vergleichen. Das wird den Frauen nicht gerecht. Wenn man genau hinschaut, sieht man, dass einige dabei sind, die richtig, richtig gut kicken können. Ich habe schon so manchen in der Männer-Bundesliga gesehen, der technisch nicht so stark ist wie die besten Frauen.

Und vor allem: Die Mädels, die bei der WM spielen, haben garantiert keine Nagelfeilen dabei. Die sind hart. Da knallt es oft, und dann geht's weiter. Schmerzen werden nach dem Spiel behandelt. Wir Männer bleiben schon mal länger liegen.

Bei der Frauen-WM sitze ich oft schon eine Stunde, bevor das Spiel anfängt, vor dem Fernseher. Egal um welche Uhrzeit, ich bin wirklich voll dabei. Und ich glaube, wir kommen ins Endspiel. Ich traue den Mädels den dritten Stern zu.

GELD SCHIESST TORE

#RBL **#WinnieSchäfer** **#TeBe**

RB Leipzig ist in die zweite Liga aufgestiegen und hat vor der Saison mehr Geld ausgegeben als alle anderen Zweitligisten zusammen. Ich sage: Die spielen um den Abstieg!

Leider schießt Geld oft Tore, siehe Hoffenheim, aber nicht zwingend. Das habe ich selbst mal erlebt. Ich wurde damals finanziell von Tennis Borussia Berlin geködert. Das war eine Top-Truppe, damals die teuerste Zweitligamannschaft bis dahin.

Unser Trainer war Winnie Schäfer. Ich erinnere mich ans erste Training, an die Rede vom Trainer: »Jungs, ich habe hier eine Bundesligamannschaft zusammengestellt, wir steigen auf!«

Szene aus 2. Bundesliga während der Saison 1999/2000: TEBE-Trainer Winfried Schäfer mit seinen Spielern in der Aufwärmphase im Niedersachsenstadion

Juli
25
2015

Am Ende wären wir fast abgestiegen.

Ich weiß noch, wie Winnie Schäfer vor einem Spiel die Aufstellung an die Taktiktafel geschrieben hat und dann sagte: »So spielen wir heute.«

Darauf muss ich allerdings erwidern: »Trainer, Entschuldigung, der da vorn auf Rechts, der spielt gar nicht bei uns.«

Da hat Winnie gesagt: »Ja, ja, oh, da hab ich mich vertan. Der spielt ja nächste Woche gegen uns.«

Daraufhin habe ich gesagt: »Nee, der spielt nächste Woche bestimmt nicht gegen uns, Trainer. Der spielt erste Liga, wir spielen zweite Liga.«

Eines muss man natürlich wissen, wenn man in so einer teuren Mannschaft spielt: Überall, wo du hinkommst, singen die Fans natürlich erst mal: »Scheiß Millionäre.« Das ist schon hart, aber auch richtig.

Allerdings setzt sich Geld am Ende doch durch. Sollte es bis zum Winter nicht optimal laufen für Leipzig – sollten sie vielleicht Dritter sein – dann schließe ich nicht aus, dass sie beim FC Bayern wildern.

Leipzig könnte der erste deutsche Klub sein, der dem FC Bayern Spieler abkauft und fragt, ob Alaba oder Müller zu haben sind. Oder vielleicht sogar Ibrahimović.

Dieser Klub kann das, und das macht mir ein bisschen Angst.

EIN LOBGESANG AUF DARMSTADT 98

#Darmstadt98 #MarcoSailer #AytacSulu

Darmstadt 98 ist mal ein richtiges Fußballwunder. Wer wissen will, wie vor 30 Jahren Fußball gespielt wurde, der muss sich einfach mal eine Eintrittskarte am Böllenfalltor kaufen.

Ich habe dort schon 1987 mit dem VfL Osnabrück Fußball gespielt. Und neulich war ich wieder da. Es hat sich wirklich nichts verändert!

Wenn man in Darmstadt Fußball spielt und es regnet, dann wird man nass. Die können dort kein Dach zumachen. Und wenn es stürmt, dann fliegt der Ball in Darmstadt auch mal ein paar andere Kurven. In Darmstadt ist die Zeit ein bisschen stehen geblieben.

Spannend wird es, wenn der FC Bayern anreist. Die sind Champions League gewohnt. Wenn die Bayern in Darmstadt in die Gästekabine kommen, dann finden sie ein Telefon mit Drehscheibe und eine 40 Jahre alte Badewanne vor.

Darmstadt hat auch noch echte Typen. Marco Sailer zum Beispiel. Mit seinem Vollbart sieht er ein bisschen aus wie der Alm-Öhi. Ich glaube, wenn Sailer in die Kabine kommt, schmeißen sich erst mal alle auf den Boden, weil sie glauben, er hat einen Sprengstoffgürtel um.

Aber dieser Junge hat Herz, Einsatz, Leidenschaft für Fußball.

Und dann gibt es da ja noch Aytac Sulu, der keinen Zweikampf scheut, sich überall reinknallt. Er hatte nach 'nem Zweikampf mal einen lockeren Zahn. Dieser Typ hat sich diesen

Zahn dann eigenhändig auf dem Platz gezogen. Anschließend ging er zum Betreuer, gab den Zahn ab und spielte weiter Fußball. Respekt, Respekt!

Ich glaube, dass Darmstadt den ehrlichsten Fußball in Deutschland zeigt.

Und jedes verwöhnte Talent müsste eigentlich mal eine Woche lang in Darmstadt mittrainieren, damit diese ganzen Top-Talente mal sehen, dass es nicht wichtig ist, wie die Haare liegen oder was für ein Auto sie fahren.

In Darmstadt gibt es Fußball in Reinkultur.

Ansgar mit ARD-Reporter Ralf Scholt in Darmstadt am Böllenfalltor

ZLATAN KAUFT 'NE KIRCHE

#ZlatanIbrahimović #SeppBlatter #DiegoMaradona

Zlatan Ibrahimović hat sich eine Kirche gekauft – für über elf Millionen Euro. Das ist wirklich geil! Passt aber irgendwie zu ihm.

Als Carlo Ancelotti, sein früherer Trainer, mal ein wenig verzweifelt war, sagte Zlatan zu ihm: »Mensch, Trainer, was ist denn los mit dir, glaubst du an Gott?« Ancelotti antwortete: »Ja, ich glaube an Gott.«

Da sagte Zlatan: »Oh ja? Das ist gut, weil Gott gerade vor dir steht.«

Da konnte man wohl schon ahnen, dass Zlatan sich irgendwann mal eine Kirche kauft.

Aber was macht er mit dieser Kirche?

Ich denke mal, dass in dieser Kirche nicht Jesus am Kreuz hängt. Eher hängt da George Best. Der hat mal gesagt, dass er sein Geld für Alkohol, Autos und Frauen ausgegeben hat – und den Rest einfach verprasste!

Der Türsteher dieser Kirche wird Eric Cantona.

Und im Beichtstuhl, da sitze ich! Die FIFA-Leute werden vor diesem Beichtstuhl Schlange stehen, aber die durchschnittlichen Funktionäre müssen alle etwas länger warten, weil ich Josef Blatter zuerst die Beichte abnehme. Und das kann Jahre dauern.

Aber bitte beruhigt euch alle wieder. Wir können ja froh sein, dass Zlatan sich nicht im Vatikan eingekauft hat. Ich kann mir wirklich vorstellen, dass Zlatan glaubt, dass der Papst auf seinem Platz sitzt.

Nur einer übertrifft Zlatan Ibrahimović noch. Einer, der nicht von dieser Welt ist. Sein Name ist Diego Armando Maradona. Der hat nicht nur eine eigene Kirche, der hat seine eigene Religion: die Jünger Maradonas.

Das ist kein Witz. Die Jünger feiern sogar Weihnachten an Diegos Geburtstag. Das wird selbst Zlatan nicht erreichen.

Also, Zlatan … Wenn dir mal wieder langweilig ist, dann kauf doch einfach mal eine Weltmeisterschaft. Die gibt's bei der FIFA und sie ist auch gar nicht so teuer. Dann bist du wenigstens auch mal dabei.

November
21
2015

TERROR

#DFB **#Bundesliga**

Wenn, wie in Paris oder Hannover geschehen, Terror den Fußball überschattet, tut das natürlich weh. Fußball ist immer auch ein Barometer der Gesellschaft. Und wenn durch Terror Spiele ausfallen, wie das der Nationalmannschaft gegen die Niederlande, hört der Spaß endgültig auf.

Terror besiegt den Fußball nicht, besiegt den Sport nicht.

Ich finde es richtig, dass in der Bundesliga trotz Terrorgefahr gespielt wird, dass der Fußball nicht vor dem Terror in die Knie geht. Ich weiß nicht, wie die Fans reagieren werden und ob viele Angst haben, ins Stadion zu gehen.

Ich kann nur für mich sprechen: Egal was passiert, und wenn ich allein im Stadion sitze, ich werde mir Fußball anschauen!

Fußball verbindet die ganze Welt. Wir lassen uns den Spaß nicht verderben – schon gar nicht von Barbaren und Mördern. Fußball ist ein Stück Freiheit und das lassen wir uns nicht nehmen.

Ich würde immer Fußball spielen, und wenn die ganze Welt brennt. Wenn es irgendwo noch einen Platz zum Fußballspielen gibt, dann werde ich da sein.

Liebe Fans, wenn die Stadien jetzt am Wochenende voll sind, dann tut mir bitte einen Gefallen: Zündet keine Böller an.

Wir brauchen jetzt keine Panik, wir brauchen jetzt keine Menschen im Stadion, die Angst haben. Wir wollen Fußball sehen, und deswegen verzichtet bitte auf Böller im Stadion!

November 28 2015

OHNE FANS KEINE EMOTIONEN

#PeterPeters #15:30 #DFL #Fans

Peter Peters ist Vizepräsident von Schalke 04, arbeitet aber auch für die DFL. Jetzt hat er angekündigt, dass die Bundesliga demnächst auch montags spielen soll. Die DFL will dadurch mehr Geld aus Fernsehrechten einnehmen. Was macht ihr mit meinem Fußball? Wisst ihr bei der DFL eigentlich, dass Fans auch arbeiten müssen? Gehen wir mal rein hypothetisch davon aus, dass ihr durchsetzt, dass die Bundesliga demnächst sogar jeden Tag spielt. Hab ihr euch mal überlegt, was die Fans davon halten?

Wie soll ein Fan damit umgehen? Wie soll er seinen Urlaub planen? Was sagt der Chef dazu, wenn der Fan ständig Urlaub haben will, um seine Mannschaft begleiten zu können?

In der Bundesliga muss samstags um 15:30 Uhr gespielt werden. Das hat Tradition, das wollen die Fans. Jeder, der den Fußball liebt, will das so. Was müssen die Fans denn noch alles ertragen? Wenn es so weitergeht, dann findet das Revierderby bald in China statt, weil das Fernsehen in China mehr Geld bezahlt.

Wie der Fan dahinkommt? Ist doch scheißegal. Was kommt als Nächstes? Fußball um ein Uhr nachts, weil einige Profis am Tag Golf spielen wollen? Vielleicht müssen die Fans in zwei Jahren nach Katar reisen, um Bundesliga zu sehen. Ein Scheich hat Schalke gekauft, der andere Borussia Dortmund? Ja, liebe Fans, Emirates, da könnt ihr schon mal gucken, wann die Flüge gehen, wenn ihr euern Verein spielen sehen wollt. Liebe DFL: Ohne Fans gibt es keine Emotionen, ich hoffe, das ist euch klar!

Wenn der Fußball so weitermacht, dann kommt irgendwann die Straße nicht mehr ins Stadion. Die Fans bleiben zu Hause und auf den Rängen sitzen nur noch Bonzenkinder. Wenn es nur noch um Kohle geht, dann habe ich Angst um den Fußball.

BELEIDIGUNGEN

#JörgSchmadtke #JürgenKlopp #DFB #Kontrollausschuss #NealeMarmon #Cottbus

Jörg Schmadtke, Sportdirektor des 1. FC Köln, soll angeblich zum Schiedsrichtergespann gesagt haben: »Ihr seid doch alle Eierköppe.« Jetzt ermittelt der DFB-Kontrollausschuss.

Wo sind die guten alten Zeiten hin, als man sich auf dem Fußballplatz noch beleidigen durfte, und nach Abpfiff war wieder alles okay?

Heute sind Lippenleser unterwegs, rund um den Platz sind überall Mikrofone aufgebaut. Die Jungs auf dem Platz dürfen sich nichts mehr erlauben. Schade eigentlich!

Wenn heutzutage solche Dinge wie »Eierköppe« schon vorm DFB-Schiedsgericht landen, dann hätten alle meine Mitspieler da regelmäßig antanzen müssen. Jürgen Klopp zum Beispiel, der hat mich permanent auf dem Platz beschimpft: »Lauf, du Penner.« »Ich hau dir auf die Fresse.«

Neale Marmon, auch ein ehemaliger Mitspieler, würde in der heutigen Zeit von 34 Spielen wahrscheinlich eines machen, weil der DFB ihn schon vor jedem Spiel gesperrt hätte. Vor der Begegnung steht man mit dem Gegner in einer Reihe. Da hatte Neale schon losgelegt: »Fuck you« und »I will kill you«, deine Mutter ist dies, deine Mutter ist das. Also dieser Spielertyp ist leider ausgestorben.

In Cottbus habe ich immer sehr gerne gespielt. Dort hat mich mal einer beschimpft – und ich habe ihn nicht verstanden. Der hat irgendwas auf Kroatisch zu mir gesagt. Ganz ruhig, und dabei hat er mich immer angelächelt, ganz gelassen, ohne Emotionen. Der war total ruhig.

Nach 'ner Weile habe ich ihm auf die Schulter geklopft und gesagt: »Du bist aber freundlich.«

Danach kam ein Mitspieler zu mir, der Kroatisch konnte und übersetzt hat, was der Cottbuser permanent zu mir gesagt hatte: »Ich ficke dich, ich ficke deine Freundin, ich ficke deinen Verein, ich ficke dein ganzes Leben.«

Ich bin mal gespannt, welche Klingonen beim DFB-Schiedsgericht über Jörg Schmadtke urteilen. Da sitzen dann fünf Leute, die zusammen 500 Jahre alt sind, und urteilen über einen harmlosen Spruch wie »Ihr seid doch alle Eierköppe«.

Was ist nur aus meinem Fußball geworden?

VERTRAGS-TREUE

Februar 13 2016

#S04 #PreußenMünster #ArminiaBielefeld #Höwedes

Benedikt Höwedes, Kapitän von Schalke 04, hätte für richtig viel Geld auf der Insel spielen können, in China, in Spanien oder bei den Scheichs. Und was macht er? Er verzichtet auf Millionen und bleibt Kapitän von Schalke 04. »Die Kohle geht, aber die Kumpel bleiben«, hat er gesagt. Dafür zolle ich Benny Höwedes erst mal Respekt. So eine Einstellung ist ganz rar gesät im Profifußball. Es kommt nur noch selten vor, dass sich jemand dafür entscheidet, ein ganzes Leben für einen Klub zu spielen, weil er dessen Werte lebt.

Danke, 1Live, dass die größte Bitch im deutschen Fußball bei euch über Vertragstreue sprechen darf. Ich glaube, ich bin der Spieler mit den meisten Vereinswechseln in Deutschland.

Die Vereine waren eigentlich nie mein Problem, eigentlich mehr die Trainer. Ich habe oft gesagt, entweder der Trainer geht oder ich – leider musste ich meistens gehen.

Interessant ist allerdings, dass mich fast alle Vereine, die mich gefeuert hatten, anschließend wiederholen wollten und oft auch wiedergeholt haben.

Wenn du dreimal für Preußen Münster gespielt hast, zweimal für den VfL Osnabrück und einmal für Arminia Bielefeld, ist das ungefähr so, als wärst du zuerst katholisch, dann evangelisch und beim dritten Mal glaubst du an gar nichts mehr.

Wenn Benny Höwedes seinen neuen Vertrag erfüllt, und davon gehen wir alle aus, ist er 19 Jahre auf Schalke. Der einzige Klub, mit dem ich das hätte erreichen können, heißt Jack Daniels. Da würde ich dann 20 Jahre unterschreiben.

Schalke 04 hat ja eine Kapelle im Stadion. Und dort hängt Jesus. Ich denke, den werden sie nicht abhängen, aber direkt daneben hängt demnächst bestimmt ein Bild von Höwedes.

Und womit, liebe Schalker? Mit Recht.

Februar
20
2016

AUBASTYLE

#Aubameyang #ThomasTuchel #NevenSubotic

Was ist nur aus meinem Fußball geworden? Beim BVB-Heimspiel gegen Hannover 96 saß Pierre-Emerick Aubameyang in einem weißen Mantel mit Federn auf der Tribüne. Einige Vögel sind dafür über den Jordan gefahren. Sein Trainer Thomas Tuchel meinte dazu nur: »Wer Style hat, hat Style. Und Auba hat Style.«

Sein Mitspieler Neven Subotic, wie wir alle wissen ein ganz geerdeter Typ, hat das etwas anders gesehen. Während des Spiels hat er Auba in diesem Mantel auf der Tribüne entdeckt und wahrscheinlich gedacht: Welchen Planetenkasper haben wir denn heute ins Stadion gelassen, was ist denn das für ein Typ? Das sieht aus wie ein toter Vogel. Beim dritten Hinsehen hat er dann erkannt, dass es sein Kumpel Auba ist.

Aubameyang ist jetzt in einer Liga mit Günter Netzer, Franz Beckenbauer und Effenberg. Und natürlich mit dem Modegott schlechthin: David Beckham.

Wenn zu meiner Zeit einer so in die Kabine gekommen wäre, dann hätten wir ihm auf die Fresse gehauen, bevor er sich gesetzt hätte.

Früher hatte ich eine Jeans und Turnschuhe an – eine Unterhose nicht immer. Und alle zwei Tage habe ich zu meinem Zeugwart gesagt: »Du, ich habe keine Waschmaschine, kannst du meine Klamotten waschen?« Das hat er dann auch gemacht, in fast jedem Verein. Ich hatte also alle zwei Tage eine saubere

Jeans, saubere Turnschuhe, saubere Socken, und 'ne saubere Unterhose, wenn ich eine dabei hatte.

Mit Mode hatte ich nie was am Hut und das sieht man mir auch heute noch an. Optisch passt auf mich dieser Spruch, der auf der Kirmes vor der Geisterbahn hängt: Junger Mann zum Mitreisen gesucht.

Die Fußballwelt ist bunter geworden. Und das ist auch gut so. Einheitsbrei wollen wir alle nicht.

Wenn jemand dann mal aussieht wie ein Planetenkasper, weil er da Bock drauf hat, dann ist das okay. Und wer so Fußball spielt wie Aubameyang, der kann sowieso anziehen, was er will.

»Wer Style hat, hat Style.«

März
12
2016

GEHEIM-TREFFEN

#PepGuardiola #PreußenMünster #FCGütersloh

Pep Guardiola, noch in Diensten des FC Bayern, war geheim unterwegs in Amsterdam. Er hat sich mit dem Onkel und Berater von Ilkay Gündogan getroffen, um einen Wechsel zu Manchester City zu besprechen.

So geheim war es dann aber doch nicht. Jedenfalls ist dabei ein Foto entstanden, und das war sofort auf den Titelseiten aller Zeitungen in Deutschland.

Ich habe in meiner Karriere so viele Geheimtreffen gehabt, ich weiß schon gar nicht mehr, was ein normales Treffen ist.

Als ich für Preußen Münster gespielt habe, hatte ich ein Geheimtreffen mit Volker Graul, der damals Manager des FC Gütersloh war. Der wollte mich unbedingt nach Gütersloh holen. Er hat mir den Tipp gegeben, in Münster so viel Theater zu machen, dass die mich rausschmeißen und ich dann frei wäre.

Als ich ihm dann erzählt habe, dass ich in Münster schon permanent Theater mache und immer noch spiele, ist Volker Graul noch einen Schritt weiter gegangen: »Du musst den Trainer beleidigen.« Das habe ich dann auch getan. Ich habe ihn als Bratwurst beschimpft.

Der Trainer hat mich daraufhin suspendiert und gesagt, dass ich nie wieder für Münster spielen werde. Ich hab geantwortet: »Trainer, wenn Sie mich morgen rausschmeißen, dann bin ich übermorgen Tabellenführer.« Das hat er zwar für einen

Scherz gehalten. Doch genau so ist es gekommen. Gütersloh war Erster, und Preußen nur Vierter.

Ein anderes Geheimtreffen hatte ich, als ich für Eintracht Frankfurt gespielt habe. Damals wollte mich ein türkischer Erstligist verpflichten. Die türkischen Unterhändler hatten einen Koffer dabei. In diesem befanden sich 500.000 Mark, drei Uhren und noch eine Klubkarte. Eine Jahresklubkarte in Istanbul.

Das war aber kein Golf-Klub, das ist mal sicher. Gewechselt bin ich trotzdem nicht.

Kleiner Tipp für Pep Guardiola: Geheimtreffen sollten auch geheim bleiben. Es ist ja bald wieder Wiesn. Das nächste Geheimtreffen macht ihr dann einfach um 12 Uhr vorm Riesenrad.

Da wird es bestimmt keine Fotos geben.

April
30
2016

PROFIS VERDIENEN ZU WENIG

#SandroWagner **#TeBe** **#Geld**

Sandro Wagner hat in seiner Zeit bei Darmstadt 98 ernsthaft behauptet, dass Fußballprofis zu wenig Geld verdienen. Und er meinte damit alle Profis, auch die vom FC Bayern. Sandro wollte einfach mal eine Lanze für seine Kollegen brechen, die durch ihren Job ganz viel öffentlichen Druck aushalten müssen.

Ich mag Sandro Wagner. Das ist einer, der sagt, was er denkt. Einer, der noch nicht glattgebügelt ist. Aber ich glaube auch, dass er im Sozialkundeunterricht früher öfter mal gefehlt hat.

»Match Attax«-Karte des unterbezahlten Profis Sandro Wagner

Ich erinnere mich, dass ich von Tennis Borussia Berlin finanziell ordentlich belohnt wurde. Alleine als Auflaufprämie bekam ich 15.000 Mark pro Spiel. So viel Geld. Ich habe die Welt nicht mehr verstanden.

Bei einem Spiel saß ich dann nur auf der Bank. Dafür kann man natürlich keine 15.000 Mark einstreichen. Doch plötzlich kam der Linienrichter vorbei. Da habe ich kurzerhand gesagt: »Hey Auszubildender, wir wechseln jetzt!« Also habe ich mich, ohne den Trainer zu fragen, mal eben selbst eingewechselt.

Unserem Spiel hat das zwar nicht geholfen, aber ich war um 15.000 Mark reicher!

An meinem ersten Tag in Berlin habe ich 50.000 Mark Begrüßungsgeld bekommen, einfach nur weil ich da war!

Direkt nach dem Training wollte ich mir davon einen Mercedes kaufen. Doch der Verkäufer hielt mich davon ab: »Nein, Sie können hier keinen Mercedes kaufen!« Darauf habe ich gesagt: »Entschuldigung, warum nicht? Ich bin Fußballprofi, ich verdiene sehr viel Kohle, ich hab das Geld.« Der Verkäufer antwortete: »Ja, aber haben Sie mal Ihre Schufa gesehen?«

Wir Fußballprofis verdienen nicht zu wenig. Wenn ein Profi die hohen Gehälter mit dem öffentlichen Druck rechtfertigen will, sage ich: Eine Krankenschwester hat Druck, die hat mit Menschen zu tun, die hat eine Riesenverantwortung!

Eine Kindergärtnerin hat Druck, das ist echte Verantwortung.

Wenn ich als Fußballprofi den Ball mal nicht treffe, was passiert dann? Gar nichts!

Golf spielen, First Class fliegen, Urlaub auf den Malediven machen.

Liebe unterbezahlte Fußballprofis, einfach mal die Fresse halten!

YETI UND YODA BEIM GRILLEN

Mai 07 2016

#JamieVardy #LeicesterCity #UrsGüntensperger #EintrachtFrankfurt #Mainz05

Leicester City ist englischer Meister geworden.

Die Wahrscheinlichkeit, dass du Elvis morgens im Bus triffst und am Nachmittag Yeti und Yoda zum Grillen vorbeikommen, ist größer.

Die beste Liga der Welt, die teuerste Liga der Welt, und dann kommt diese No-Name-Truppe. Jamie Vardy kannte vorher kein Mensch, jetzt ist er der beste Torjäger der Premier League.

Vor wenigen Jahren hat Vardy wegen einer Kneipenschlägerei noch mit Fußfesseln spielen müssen. Er musste um 18 Uhr zu Hause sein. Hausarrest. Er konnte an keinem Abendspiel teilnehmen, ist um 17:45 Uhr durch die Vorgärten gesprintet und über Garagendächer geklettert. Alles nur, um pünktlich zu Hause zu sein – wegen dieser Fußfessel. Jetzt ist er englischer Meister.

Ganz ehrlich, in dieser Truppe würde ich auch gerne spielen.

Ich hatte auch mal einen Mitspieler, der mit dem Gesetz in Konflikt geraten ist. Bei Eintracht Frankfurt habe ich mit Urs Güntensperger zusammengespielt. Doch irgendwann war Urs einfach nicht mehr da. Also habe ich mal rumgefragt: »Wo ist denn der Urs?« Und da hat man mir Folgendes gesagt: »Urs ist verletzt und kuriert die Verletzung zu Hause in der Schweiz aus.«

Nach zwei Wochen hat sich aber herausgestellt, dass er gar nicht verletzt war. Urs hatte Mist gebaut und ist dann in der Schweiz im Knast gelandet.

Als die Mannschaft das erfuhr, hat sich der Mannschaftsrat zusammengesetzt, und wir haben überlegt, wie wir ihn da rausbomben können.

Mich haben sie auch mal abgeholt. Ich war Spieler bei Mainz 05, und wir hatten ein Hallenturnier in Münster. Und plötzlich kamen zwei Typen auf mich zu und sagten: »Wir sind Feldjäger.« Darauf habe ich gesagt: »Schön, ich bin Fußballer.«

Das fanden die nicht lustig: »Ja, aber heute nicht mehr, wir nehmen dich jetzt mit. Sie müssen zur Bundeswehr, Sie haben alle Stoppschilder überfahren. Wir haben Sie achtmal einberufen, heute werden Sie zwangseinberufen.« Also landete ich bei der Bundeswehr.

Bei Leicester City höre ich jetzt schon Stimmen, die sagen, dass der große Ausverkauf beginne, die Mannschaft auseinanderfiele und sie im folgenden Jahr vielleicht abstiegen.

Doch egal, was da noch kommt: Diese Meisterschaft kann Leicester niemand mehr nehmen. Das ist und bleibt legendär.

Mai
16
2016

MEISTER-FEIER

#FCB #MarioGötze #AnnKathrinBrömmel #ArminiaBielefeld #Feiern

Der FC Bayern wurde nun viermal hintereinander Deutscher Meister – das ist historisch!

Die Meisterfeier war auch legendär: So legendär, dass Mario Götze diese ziemlich früh verlassen hat – für ein Mitternachts-Workout mit seiner Freundin Ann-Kathrin Brömmel, wie er selbst verkündete. Unfassbar ist für mich, dass die Hälfte der Mannschaft nicht bei der Feier war. Die haben sich wahrscheinlich einen Krankenschein beim Doktor Müller-Wohlfahrt geholt: Titelallergie!

Und dann sagt noch einer vom FC Bayern, dass im Bus »Cherry Cherry Lady« gespielt wurde und kein einziger Spieler richtig betrunken war. Da war keiner betrunken! Und wenn du »Cherry Cherry Lady« spielst, dann bist du normalerweise abgestiegen.

Ihr Vollpfosten da in München, was seid ihr für Klingonen? Ihr Planetenkasper!

Wenn ich nur einmal Deutscher Meister geworden wäre in meinem Leben, dann hätte ich vor Freude definitiv hundert Tage das volle Programm abgefeiert und wäre wohl daran gestorben.

Da werden die Bayern viermal hintereinander Deutscher Meister, kommen mit dem Bus an der Säbener Straße vorgefahren – und dann warten da 34 Fans! 34 Fans!

Haben die ganzen Bonzenkinder keinen Bock darauf, euch zu feiern?

Nur mal zum Vergleich: Arminia Bielefeld wurde nach dem letzten Heimspiel von 20.000 gefeiert, weil sie die Klasse gehalten haben. Gefeiert für Platz zwölf in der zweiten Liga!

Wenn ihr Bayern euch jetzt auch noch den DFB-Pokal gegen Dortmund holt, dann fliegt doch einfach von Berlin aus direkt alle in den Urlaub und lasst euch den Pokaltitel überweisen, mit der anderen Kohle! Dann muss erst gar keiner feiern.

Vielleicht sollte ich den Bayern helfen. Bitte verpflichtet mich. Ich bin dann zuständig für den Spaß nach Titelgewinnen, für Alkohol, für Bitches.

Ich kümmere mich persönlich um die Feiern. Und die laufen dann anders ab. Versprochen!

Ansgar auf der Bielefelder »Alm«

Mai
21
2016

TEMPO WIE EINE WANDERDÜNE

#MatsHummels #CathyHummels #ThomasZiemer

Mats Hummels verlässt Dortmund und geht zum FC Bayern. Das DFB-Pokalfinale ausgerechnet gegen die Bayern wird sein letztes Spiel sein, nach achteinhalb Jahren Dortmund. Das ist mal ein Brett.

Mats Hummels ist ein Typ, der die Voraussetzungen hat, sogar Chef des FC Bayern oder vielleicht DFB-Präsident zu werden. Der kann nicht nur Fußball – was natürlich auch daran liegt, dass seine Mutter eine überragende Journalistin ist.

Sein Vater Herrmann war mal mein Trainer in Mainz. Nach einer Trainingseinheit hat er zu mir gesagt: »Ansgar, ich habe meine beiden Söhne dabei, kannst du gleich mal mit denen ein bisschen kicken und denen zeigen, was man alles mit dem Ball anstellen kann?«

Thomas Ziemer, ein ehemaliger Mitspieler, und ich haben dann eine Stunde mit den beiden Hummels-Jungs Fußball gespielt. Mitten in der Einheit sagt Thomas Ziemer zu mir: »Ansgar, die beiden haben ein Tempo wie eine Wanderdüne.« Und ich antwortete: »Ziemi, es gibt Leute, die können auf einem Klavier spielen, und die beiden Jungs da, die müssen es tragen.«

Heute bin ich froh, wenn Mats Hummels überhaupt mit mir spricht.

Mats Hummels und seine Frau sind für mich die Beckhams des deutschen Fußballs. Cathy Hummels ist Designerin, Moderatorin und Stil-Ikone.

Sie hat schnell erkannt, dass man auch zum Mond fliegen kann, wenn man nur ein Busticket hat. Man muss nur die Frau von einem Weltmeister sein.

Ich kann nachvollziehen, dass viele Dortmunder Fans traurig und wütend sind, dass Mats Hummels zu den Bayern geht.

Aber: Vergesst nicht, dieser Mann hat für euch acht Jahre ehrliche Arbeit abgeliefert. Das werden die meisten Profis nicht schaffen.

Mats Hummels verlässt Dortmund als Legende.

Ansgar zu Gast im Sky-Studio

September
03
2016

TOP-TRANSFERS

#BVB #ManchesterUnited #Pogba #LeroySané #ManchesterCity #Tebe #SCVerl #PreußenMünster #Geld

Borussia Dortmund hat über 100 Millionen Euro für neue Spieler ausgegeben. England hat alle Rekorde gebrochen, Manchester United hat Paul Pogba für 105 Millionen Euro geholt. Leroy Sané ist für 50 Millionen Euro zu Manchester City gewechselt. Der Transfermarkt ist völlig außer Kontrolle. Ganz ehrlich? Ich bin hier gerade bei 1Live in Köln und muss gleich nach Hause fahren. Ich weiß gar nicht, wovon ich tanken soll, und die hauen die Kohle raus.

Ich habe mal 1,5 Millionen gekostet, als ich von Eintracht Frankfurt zu Tennis Borussia Berlin gewechselt bin. Bei allen anderen Vereinen, bei denen ich gespielt habe, war es so, dass sie mir Geld gegeben haben, wenn ich endlich gehe. Heute kosten limitierte Talentfreie schon drei Millionen. Kann mir das jemand erklären?

Ich war natürlich auch an Toptransfers beteiligt. Damals habe ich zu meiner Freundin gesagt: »Schatz, heute gibt es richtig viel Kohle.« Kurze Zeit später saß ich zum Verhandeln beim SC Verl. Auf einmal drückt mir jemand eine Zigarrenkiste in die Hand. Mein Verhandlungspartner sagt: »Die Kiste ist on top.« Ich antwortete: »Wie? On top? Ich rauche doch gar nicht.« In der Kiste waren keine Zigarren, sondern 25.000 Mark. Am nächsten Tag musste ich wieder zum Training bei meinem eigentlichen Arbeitgeber Preußen Münster. Da kam der

Manager gleich auf mich zu und sagte: »Ansgar, wir lassen dich nicht gehen. Und übrigens: wir wissen von der Zigarrenkiste.« Schweren Herzens musste ich die Kiste dann zurückbringen und mein »Toptransfer« war gescheitert.

Ob Leroy Sané auch eine Zigarrenkiste bekommen hat? Wahrscheinlich mussten bei ihm drei Lkws vorfahren, um das ganze Geld vorbeizubringen.

EINWURF: HERIBERT BRUCHHAGEN

Ich glaube, es war die Saison 1993/94, ich war Manager des HSV. Und unser Cheftrainer Benno Möhlmann schickte mich mit dem Scout Georg Tripp zu einem Spiel von Mainz 05, um den Rechtsverteidiger Jürgen Klopp zu beobachten.

Heribert Bruchhagen (Arminia-Manager) und Hermann Gerland (Arminia-Trainer) im Februar 2000

Benno wollte für die Abwehr unbedingt einen kopfballstarken Spieler verpflichten, da Harald Spörl, Armin Eck und viele andere im Kader nicht besonders groß waren.

Unsere Einschätzung hat dann am Ende dazu geführt, dass es nur einen Spieler gab, der den HSV verstärken würde, nämlich der blonde Rechtsaußen: Ansgar Brinkmann.

Am nächsten Tag habe ich dann mit meinem Freund Harald Strutz (Präsident von Mainz 05, Anm. d. Autors) telefoniert und ihn darüber informiert, dass ich zu dem Spieler Kontakt aufnehmen wollte.

Während des Telefonats sagte mir Harald dann, dass Ansgar kein Telefon hätte und auch der Wohnsitz sei ihm nicht bekannt, denn der Spieler sei irgendwie doch außergewöhnlich. Diese Einschätzung hat sich in den folgenden Jahren eindrucksvoll bestätigt. Acht Jahre später habe ich dann dem Trainer Möhlmann – inzwischen bei Arminia Bielefeld – Ansgar vom VfL Osnabrück geholt, obwohl ich wusste, dass ich die Arminia zum Saisonende verlassen würde, um Geschäftsführer der gerade gegründeten Deutschen Fußballliga zu werden.

Benno hat mit Ansgar bei Arminia viel Freud auf dem Platz und einiges Leid neben dem Platz erlebt.

In meinen späteren 13 Jahren als Vorstandsvorsitzender bei Eintracht Frankfurt war Ansgar immer bei mir im Büro willkommen, denn er ist ein echter Fußballfachmann und genießt bei den Fans der Eintracht einen sensationellen Ruf.

Auch wenn mir manches Interview von Ansgar im HR die Sprache verschlagen hat, so ist er bis zum heutigen Tage mein Freund geblieben und ich freue mich über jede Begegnung mit dem weißen Brasilianer in unserer Heimat in der Marienfelder Klosterpforte.

Dort wird gefachsimpelt bei einer Tasse Kaffee und die Fußballwelt in allen Einzelheiten erklärt.

GIERIGE BAYERN

#KHRummenigge #ChampionsLeague #ArminiaBielefeld #VfLBochum #Darmstadt98 #Geld

Dienstag startet die Champions League. Und wer dort mitspielen darf, bekommt sehr, sehr viel Geld. Für Karl-Heinz Rummenigge und den FC Bayern ist es offenbar noch zu wenig. Wie die Toten Hosen schon gesagt haben: Der FC Bayern versaut den Charakter. Karl-Heinz Rummenigge ist schon etwas länger bei den Bayern. Sein Motto, wenn es um Geld geht: Paragraf 1 – alles meins!

Die reichen Klubs in der Champions League wollen noch reicher werden. Wie schon der berühmte Bankier Rothschild gesagt hat: Wer das Geld kontrolliert, der kontrolliert auch das Land. Und Karl-Heinz Rummenigge sagt sich: Wer das Geld kontrolliert, der kontrolliert die Liga. Er hat da wohl im Religionsunterricht nicht aufgepasst. Als es um die Geschichte von St. Martin ging, der den Mantel teilte, war Karl-Heinz Rummenigge definitiv nicht anwesend und hat damals wahrscheinlich schon an den FC Bayern gedacht.

In der Bundesliga haben wir ja fast schon eine Situation wie bei den Hungerspielen von Panem. Darmstadt, Bielefeld und Bochum sind nur Distrikte, die lediglich noch zu den Hungerspielen kommen dürfen.

Ich wünsche mir einfach mehr Gerechtigkeit in der Bundesliga. In England bekommt ein Aufsteiger 142 Millionen, damit kann man schon mal arbeiten. Liebe Fans, stellt euch das mal vor. 142 Millionen für Darmstadt, für Bielefeld, für Bochum. Aber Karl-Heinz Rummenigge will das einfach nicht.

Kann man Rummenigge nicht mal für ein Jahr dazu verdammen, bei Aldi einzukaufen? Ein Jahr lang Busfahren? Damit er endlich sieht, wie es so ist, wenn man kein Geld hat?

Will Rummenigge bald mit Real Madrid, mit dem FC Barcelona, mit Manchester United und Manchester City eine eigene Liga gründen? Ich glaube, diese Entscheidung müssten ihm eigentlich die ärmeren Vereine abnehmen, indem sie sagen, lasst uns doch einfach ohne diese geldgierigen Bayern Bundesliga spielen. Das würde ich geil finden.

Ich bin lieber im Club der toten Dichter als im Club der reichen Dichter, und ich glaube, das geht vielen Bundesligisten genauso.

Angsar mit Karl-Heinz Rummenigge

MILLIONEN

September 17 2016

#FranzBeckenbauer #DFB #EM #Geld

Sie nennen ihn »Kaiser«. Und Franz Beckenbauer ist neben unseren Dichtern und Denkern einer der größten Helden, die unser Land je hervorgebracht hat. Wenn Franz Beckenbauer früher in einen Raum gekommen ist, dann wurde es richtig hell. Da musste man fast eine Sonnenbrille aufsetzen, weil die Lichtgestalt so gestrahlt hat. Wenn er heute einen Raum betritt, dann denkst du, du stehst in einem schwarzen Loch.

Franz Beckenbauer arbeitet nicht mehr als Lichtgestalt. Er hat die Seiten gewechselt. »ADI-Darth Franz Vader« arbeitet für das Imperium, für die dunkle Seite der Macht. 2022 ist dann der Todesstern fertig in Katar und der Fußball kaputt.

Falls ich dich noch einmal in meinem Leben treffen sollte, hätte ich eigentlich nur eine Frage, Franz: Du hast so viel erreicht, wenn du dich hättest zur Bundekanzlerwahl aufstellen lassen, dann hätten dich 99 Prozent aller Deutschen gewählt. Wenn du in die Stadt gehst, brauchst du doch gar kein Geld. Was willst du mit den ganzen Millionen? Alle wären froh, wenn die Lichtgestalt ein Café betritt oder ein Restaurant. Du bist geldfrei, du bist absolut währungsfrei – und das weltweit. Du brauchst doch gar kein Geld. Scheiß doch auf die fünf Millionen.

Da es beim DFB kaum noch sachlich zugeht, werde ich mich dort demnächst zur Wahl stellen und 2024 die EM nach Deutschland holen. Eintrittskarten werden völlig überbewertet – wer Zeit hat, kommt einfach. Gespielt wird in Bielefeld, in Frankfurt, in Osnabrück – grundsätzlich nur in Städten, wo ich auch mal gespielt habe. Man muss auch mal was zurückgeben.

Korruption ist ausgeschlossen, weil das eine geldfreie Europameisterschaft wird. Ich gebe den Fans und der Straße den Fußball zurück. Alle können trinken, was sie wollen, alle Kurven sind offen. Wir feiern den Fußball, scheiß auf Funktionäre.

September 24 2016

BAYERNJÄGER KÖLN

#1.FCKöln #PeterStöger #WolfgangOverath #LukasPodolski

Der 1. FC Köln ist Bayernjäger Nummer eins. An dieser Stelle können wir eigentlich sofort aufhören. Alle Experten hätten eher darauf gesetzt, dass der Rhein mal in die andere Richtung fließt.

Trainer Peter Stöger, zusammen mit Jörg Schmadtke der Architekt dieser Mannschaft, hat sich richtig gefreut, dass der FC so weit oben steht: »Das ist in Ordnung«, hat er gesagt.

Die Gründe für den Höhenflug des FC sind klar: Stöger und Schmadtke stellen die Mannschaft auf, und nicht mehr der Kölner *Express*.

Klublegende und Weltmeister Wolfgang Overath wird sicherlich auch staunen, was nach seinem Abgang als Präsident aus dem FC geworden ist. In Fachkreisen wird Overath auch »Grisu« genannt. Das ist dieser kleine Feuerdrache. Genau wie der haben die Vereinsbosse den FC jahrelang immer wieder angezündet. Dann kam Jörg Schmadtke und hat das alles gelöscht.

Peter Stöger und seine bezaubernde Lebensgefährtin Ulrike tun dem FC und der Stadt Köln richtig gut. Ulrike ist Schauspielerin und Model, sie spielt auch schon mal im Tatort eine Leiche. Der Kölner Tatort hatte jahrzehntelang eine Dauerleiche – und das war der FC.

Lukas Podolski hat die Träume der Kölner Fans auf den Punkt gebracht und aus Istanbul getwittert: »1. FC Leicester City!« Er sagt der Mannschaft und den Fans damit: Leute, wer keinen Mut zum Träumen hat, der hat auch keine Kraft zum Kämpfen.

Es ist schön von den Verantwortlichen des 1. FC Köln zu hören, dass sie wissen, dass es nicht um die ersten drei Plätze geht. Da ist der FC inzwischen klug genug.

EINWURF: LUKAS PODOLSKI

Ich habe Ansgar schon als junger Spieler bei Partien gegen Bielefeld kennengelernt. Die Freundschaft ist also auf dem Platz entstanden. Ich fand den als Typen immer geil, er kommt einfach sympathisch rüber. Und dann haben wir uns auch öfter bei Benefizspielen getroffen. Da haben wir immer viel gequatscht, gelacht und abgeklatscht. Ansgar hat jedes Mal seine Geschichten ausgepackt, über Trainer und Spieler und irgendwann haben wir Nummern ausgetauscht, uns ab und zu getroffen. In Köln, aber er war auch schon hier in Istanbul, hat sich ein Spiel von mir bei Galatasaray angeguckt.

Wir sind Kumpel und verstehen uns, obwohl wir aus unterschiedlichen Fußballgenerationen stammen. Wir kommen beide von der Straße, also ist man auf einer Wellenlänge und versteht sich. Ich weiß, wie er denkt. Er war früher auch so 'ne Art Vorbild für uns. Seine Tricks und Übersteiger hat man sich gerne angeguckt. Wenn es damals schon Social Media gegeben hätte, wären Ansgar-Videos wahrscheinlich bei uns hoch und runter gelaufen. Was er am Ball kann, hat immer Spaß gemacht. Der hat sich auch nie entmutigen lassen, wenn mal was nicht geklappt hat, dann hat er es immer und immer wieder probiert und hat es bis zum Ende durchgezogen.

Ich mag an Ansgar, dass er sich immer treu bleibt. In sportlicher Hinsicht, aber auch als Mensch. Er ist 'ne Kultfigur, und man hört ihm gerne zu. Alles, was er über Fußball sagt, hat Hand und Fuß.

So ein Typ wie Ansgar ist in der heutigen Profiwelt aber undenkbar. Die Welt hat sich verändert. Wenn ein Spieler heute zwei Bundesligaspiele macht, schwebt der schon auf Wolke sieben, das ist häufig das Problem.

Ich weiß nicht, ob früher alles geiler war, aber die Zeiten haben sich geändert. Es ging nicht so sehr um Autos, es ging nur um Fußball. Die Fußballwelt ist nicht mehr so authentisch wie damals.

Deshalb ist es schade, dass Typen wie Ansgar aussterben.

Ansgar Brinkmann mit Lukas Podolski

Ansgar zu Besuch bei Poldi in Istanbul

FOOTBALL LEAKS

Dezember
10
2016

#CristianoRonaldo **#MesutÖzil** **#SeppBlatter** **#MarioBalotelli**

Football Leaks, die Enthüllungsplattform des Fußballs, hat 18,6 Millionen Dateien veröffentlicht, die eine Menge Topspieler belasten. Cristiano Ronaldo, Mesut Özil und ganz viele andere sollen viel Geld am Finanzamt vorbeigeschleust haben. Was ist eigentlich los mit dieser Generation Fußballer? Wenn ich 100 Millionen verdiene und davon dann 20 Millionen Steuern zahlen müsste, dann hätte ich immer noch 80 Millionen. Wenn 80 Millionen nicht mehr reichen, um im Leben klarzukommen, dann reichen 200 Millionen auch nicht. Wenn früher ein Verein sagen musste, dass er keine Gehälter mehr bezahlen kann, dann wären von meiner Generation immer noch 20 von 20 zum Training gekommen. Heute würden wohl nicht mal mehr fünf kommen. Ich habe ehrlich Angst um den Fußball. Da wirken Kräfte, die kein Mensch braucht.

Hinter Football Leaks soll ein Portugiese stecken, man nennt ihn John, das Phantom. In Fachkreisen vermutet man, dass er 80 ist und mit Nachnamen Blatter heißt. Football Leaks bringt nicht nur Ablösesummen und Gehälter ans Tageslicht. Noch viel cooler finde ich die Sonderklauseln. Mario Balotelli hatte eine Sonderklausel beim FC Liverpool im Vertrag: Ihm wurde zugesichert, dass er 1,2 Millionen Euro Bonus bekommt, wenn er in der Saison niemanden anspuckt, weniger als drei Rote Karten bekommt und sich benimmt wie ein normaler Mensch.

Ich hatte auch die eine oder andere Sonderklausel in meinen Verträgen, die zum Glück nicht bei Football Leaks aufgetaucht sind. Das waren Klauseln wie zum Beispiel: Ich sollte einmal im Jahr auf den Trainer hören, nach Möglichkeit unter 1,0 Promille zum Spiel kommen und dreimal pro Woche vor fünf Uhr morgens zu Hause sein. Dafür hätte ich 'ne Sonderprämie in Höhe von 300.000 Euro erhalten. Das ist aber jedes Jahr schiefgegangen.

TRAINER

ABSTIEGS-KAMPF

#PeterNeururer #VfLBochum #HorstFranz #Mainz05

Der VfL Bochum hat Peter Neururer für den Abstiegskampf geholt. Den Peter kann man natürlich immer bringen.

Der ist dreimal chemisch gereinigt, und er hat auch schon angekündigt, dass er sich seine Haare blau färben lassen wird, wenn Bochum die Klasse hält.

Alle Spieler mussten nach Neururers Amtsantritt erst mal einen Fragebogen ausfüllen, so mit Kreuzchenmachen – wie früher in der Fahrschule. Ich hoffe, dass der Peter mitbekommen hat, dass mittlerweile alle seine Spieler einen Laptop und ein Smartphone haben.

Peter Neururer spricht ja oft schneller, als die meisten denken können, das ist ja wirklich phänomenal. Ich hoffe, dass er in Bochum etwas langsamer spricht, damit ihn auch alle seine Spieler verstehen.

Ein bisschen sorge ich mich um Peters Gesundheit. Er hatte ja schon einen Herzinfarkt, und Abstiegskampf sorgt nicht gerade dafür, dass der Puls niedrig bleibt. Aber Peter ist wieder in seinem Metier und da lebt er ja immer auf. Ohne Fußball geht er noch schneller kaputt, glaube ich. Ich denke, das Leben auf der Trainerbank wird ihn beflügeln, das wird ihm helfen und zu seiner Gesundung beitragen.

In Mainz war ich mit Trainer Horst Franz im Abschiedskampf. Als er an seinem ersten Tag in die Kabine kam, waren mein Mitspieler Jürgen Klopp und ich sehr gespannt, was der neue Trainer sagen würde. Und seine ersten Worte sind heute noch legendär. Horst Franz hat gesagt: »Jungs, wenn das hier

Mai
11
2013

schiefgeht, dann steig ich in meinen Ferrari und fahr nach Hause. Aber was macht ihr?«

Peter Neururer lässt Zettel ausfüllen. So hat jeder Trainer seine Methoden.

EINWURF: PETER NEURURER

Kennengelernt habe ich Ansgar, als er regelmäßig meine Spieler schwindelig gespielt hat. Als Fußballer war er herausragend, weshalb ich es auch heute noch bedauere, ihn nie trainiert zu haben. Ansgar war aber nicht nur als Spieler herausragend, sondern auch als Typ. Leider sind solche Typen heutzutage so gut wie ausgestorben. Sie fehlen an allen Ecken und Enden.

Ansgar mit Bachelor Paul Janke und Peter Neururer

An Ansgar wird sich auch in 20 Jahren noch jeder Fan erinnern, weil er ehrlich und authentisch ist. Der Letzte seiner Art. Und genau daher rührt seine Popularität. Solche Leute fehlen im modernen Fußball.

DAS GROSSE FINALE

#JürgenKlopp #Mainz05 #ChampionsLeague #BVB #FCB

Jürgen Klopp war ja tatsächlich mal mein Zimmerkollege. In Mainz haben sie mir den Jürgen Klopp aufs Zimmer geschickt, damit er auf mich aufpasst.

Wenn ich dann nachts noch ferngesehen habe, dann stand der irgendwann kerzengerade aufrecht im Bett. Die Adern kamen aus ihm heraus und er hat mich angeschrien: »Ansgar, du Penner, mach jetzt den Fernseher aus, aber z z z! Zügig, zügig, zügig!«

Ich habe ihm darauf geanwortet: »Kloppo, denk dran … wenn du morgen beim Spiel die Mittellinie siehst, das ist für dich wie ein Stoppschild. Dann ist dein Job erledigt und du gibst mir den Ball.«

Das hatte ich noch nicht ganz ausgesprochen, da hat der mich wieder angeschrien.

Letztendlich hat mir das aber geholfen. Teilweise hattest du mehr Angst vor dem Klopp als vor dem Gegenspieler.

Manchmal, wenn wir vor 'nem Spiel in der Kabine saßen, sah sein Gesicht fast aus wie das von Klaus Kinski. Und genau so hat der dann auch anschließend auf dem Platz gespielt.

Der Mann wollte immer gewinnen, um jeden Preis. Dass Kloppo irgendwann mal im Finale der Champions League steht, war damals natürlich noch nicht absehbar.

Aber er hat immer schon Verantwortung übernommen, auch für die Mannschaft.

Und Kloppo frisst Bücher, der will immer weiter, der will immer mehr wissen als andere. Er will wissen, wie er Spieler ans Limit bekommt.

Eine große Stärke von ihm ist, dass er dabei auch selbstkritisch ist. Das war er schon als Spieler. Daran kann ich mich noch gut erinnern. Schon damals hat er sich selbst hinterfragt.

Wenn er ein Spiel verloren hat, dann ist er anschließend ein, zwei Nächte durch die Wohnung gerannt und hat sich gefragt, warum, wieso, weshalb.

Und wenn er dann einen Fehler findet, dann stellt er den ganz sicher ab.

Also egal, was heute passiert, Kloppo. Egal, wie das Spiel ausgeht, ich bin auf jeden Fall stolz auf dich, weil du Werte hast und die auch lebst.

Und ich wünsche dir heute natürlich einen Sieg gegen den FC Bayern.

Jürgen Klopp verlor mit dem BVB das Finale der Champions League gegen den FC Bayern in allerletzter Minute mit 1:2.

ERNÄHRUNG

#HorstEhrmantraut **#BennoMöhlmann** **#ArminiaBielefeld**

Ernährung ist für Fußballprofis natürlich ein wichtiger Faktor. Nicht umsonst sehen die Jungs heute so muskulös aus. Die trainieren wirklich knallhart.

Wenn sie dann alle in ihrem Trainingsprogramm sind, nur Vitamine und Salate fressen, dürfen Spieler ab und an auch mal sündigen. Einmal im Monat eine Currywurst – hin und wieder muss man mal ausbrechen und sich eine eiskalte Cola an der Tanke holen und trinken. Die muss so kalt sein, dass sie an der Stirn wehtut, gerade im Sommer bei 35 Grad im Schatten. Das gehört dazu, das braucht auch ein Fußballprofi.

Bei Weißbrot gehen bei manchen Trainern aber alle Alarmglocken an. Horst Ehrmantraut hat mir mal erklärt, dass Weißbrot pures Gift ist. Und Gift braucht man wie ein Loch im Kopf, also gar nicht.

Ein Spieler hat sich in Frankfurt vor einem Spiel trotzdem aus Versehen zur Suppe ein Stück Weißbrot genommen. Für diesen Spieler war der Tag direkt beendet. Horst Ehrmantraut hat diesen noch beim Frühstück suspendiert, wegen einem Stückchen Weißbrot. Einmal was Falsches gegessen, nicht dabei im Bundesligaspiel um 15:30 Uhr.

Das war für mich Neuland, aber egal: Vor einem Punktspiel mit Arminia Bielefeld in Bochum habe ich mal Currywurst-Pommes gegessen. Ich hatte das Frühstück verpasst, doch glücklicherweise gibt es in Bochum gegenüber dem Stadion so eine Bude. Das habe ich sofort genutzt.

Trainer Benno Möhlmann kam allerdings früher als erwartet in die Kabine und hat mich essen sehen. Er hat mich dann auch zwei Minuten angeschrien. Ich habe es ihm aber ganz ruhig erklären können: »Trainer, das ist Benzin für das Spiel.« Und Gott sei Dank haben wir das Spiel in Bochum gewonnen.

Wenn du das Spiel mit Currywurst im Bauch gewinnst, ist alles gut. Wenn du das Spiel aber 0:3 verliert, hast du ein Problem.

WUTREDE

#MatthiasSammer #RolfSchafstall #FelixMagath

Matthias Sammer hat beim FC Bayern mal wieder eine seiner gefürchteten Wutreden gehalten.

Wenn es aus Sammer herausbricht und er auf die Mannschaft losgeht, dann sind das Warnsignale, die jeder Spieler ernst nehmen sollte. Was Matthias Sammer sagt, hat oft Hand und Fuß.

Es muss ja auch nicht immer wie Trapattoni sein, der vor versammelter Presse alles runter- und niederschreit. Wutreden habe ich nach Spielen oft erlebt. Wenn Rolf Schafstall in die Kabine kam, ist er jeden einzelnen Spieler durchgegangen, und du hast gezittert wie Espenlaub, weil Schafstall dann oft persönlich geworden ist.

Der hat zum einen oder anderen gesagt: »Pass mal auf, mein Freund, was bist du eigentlich von Beruf?« Da gucken wirklich alle auf den Boden. Dann bist du froh, wenn er dich nicht anspricht.

Wenn ein Trainer allerdings nach jedem Spiel eine Wutrede loslässt und immer den gleichen Scheiß erzählt, ist es was anderes. Dann sitzt man als Spieler in der Kabine und die ersten Jungs stöhnen schon: »Jetzt kommt der Planetenkasper gleich rein und wir hören uns das wieder zwei Minuten an. Und trotzdem gehen wir dann raus, auslaufen, und machen uns einen schönen Tag.«

Wutreden nutzen sich ab, wenn sie zu häufig gehalten werden. Sie sind auch wirkungslos, wenn ein Trainer dabei nicht authentisch ist.

Sammer ist authentisch, Jürgen Klopp ist authentisch, einige andere natürlich auch. Denen nimmst du auch ab, wenn sie emotional durch die Decke gehen.

Wenn du allerdings einen Trainer hast, der wahrscheinlich nicht mal das Meer trifft, wenn er mit einem Ball am Strand steht, hat er kaum eine Chance, bei seiner Wutrede ernst genommen zu werden.

Felix Magath beherrschte die gemeinste Art der Wutrede. Der hat sich einen Spieler in die Kabine bestellt, rührte langsam in seinem Tee, guckte den Spieler zehn, zwölf Minuten nur an, ohne ein Wort zu sagen.

Als Spieler wartest du auf das, was kommt. Magath aber sagte: nichts, keinen Ton. Nach einer halben oder dreiviertel Stunde, verließ er die Kabine wortlos. Der Spieler saß immer noch da und dachte, dass der Trainer kurz darauf zurückkommen würde.

Der Trainer ist aber nicht gekommen, der ist nach Hause gefahren.

Wenn ein Trainer nicht mal mehr mit dir sprechen will, dann ist der Kuchen gegessen.

PEP

#PepGuardiola #FCB #LarissaMarolt #Dschungelcamp #WinnieSchäfer

Pep Guardiola verdient jede Menge Kohle beim FC Bayern, 10 Millionen pro Jahr, habe ich gehört. Aber ich glaube, dass dieser Trainer jeden Cent wert ist.

Der Mann hat wenig Glück gehabt in seinem Leben. Er durfte Barcelona trainieren, hat alle Titel gewonnen. Er durfte Messi trainieren, den mehrfachen Weltfußballer.

Wer würde nicht gerne mit Pep Guardiola tauschen und den FC Bayern trainieren?

Bei aller Wertschätzung, bei allen Erfolgen, die Pep vorzuweisen hat – ich glaube: Diesen FC Bayern könnte auch Larissa Marolt aus dem Dschungelcamp trainieren. Sie würde mindestens Deutscher Meister werden, das ist mal sicher.

Pep ist ein richtig guter Typ, der mehr über Fußball weiß als die letzten fünf Manager und Trainer des Hamburger SV zusammen. Okay. Das ist jetzt nicht ganz so schwer.

Aber Pep hat natürlich auch immer unter Top-Bedingungen arbeiten können. Pep will ja jetzt auch Iniesta und Messi zu den Bayern holen, falls Ribéry und Götze mal schlecht trainieren.

Guardiola ist definitiv ein Trainer der neuen Generation. Sein Deutsch ist jetzt nicht wirklich gut, rhetorisch verstehst du nicht alles, aber man puzzelt sich das dann zusammen.

Von den 38 Trainern in meiner Karriere habe ich 35 nicht verstanden – aber die mich auch nicht.

Wenn Winnie Schäfer eine Mannschaftsbesprechung gehalten hat, hat keiner von den 18 Spielern, die anwesend waren, verstanden, was wir anschließend machen sollten.

Er hat mit dem Gegner angefangen, dann mit der eigenen Mannschaft weitergemacht und ist irgendwann bei der Muppet Show geendet. Der wirkte manchmal schon ein bisschen verwirrt.

Winnie Schäfer ist die ganz alte Schule. Winnie würde ich gern mal im Dschungelcamp sehen, der würde den ganzen Laden da durcheinanderwirbeln!

Und nach einem Tag hätte er schon vergessen, in welcher Sendung er ist.

TRAININGS-PLATZ

Oktober 14 2014

#SCPaderborn #AndréBreitenreiter #HannesLinßen #FCGütersloh

André Breitenreiter, Trainer vom SC Paderborn, hat sich beschwert, weil er keine optimalen Bedingungen hat. Auf den Trainingsplatz pinkeln Hunde, da laufen Kinder rum, der Rasen ist schlecht gemäht, wie ich gehört habe. André Breitenreiter ist außer sich.

Das sind keine bundesligatauglichen Bedingungen beim SC Paderborn. Aber ich glaube, dieses Problem löst sich nicht von heute auf morgen. Und wer ist schuld an den schlechten Bedingungen? Die Stadt oder der Verein selbst? Das verstehe, wer will. Trotz dieser katastrophalen Bedingungen ist Paderborn gut in die Bundesliga gestartet. Unglaublich.

In Gütersloh, damals noch Zweitligist, hatte ich mal ähnlich üble Bedingungen. Da sind wir Spieler zum Training gekommen und haben Trainer Hannes Linßen gefragt: »Trainer, wo trainieren wir denn heute?« Dann hat er gesagt: »Das weiß ich auch noch nicht. Das wird mir unser Manager gleich mitteilen.« Jedes Training wurde dort zum Abenteuer, je nachdem, wohin es uns zum Trainieren verschlug. Manchmal war es auch ein öffentlicher Park mit zwei Toren.

Da mussten wir die Kids leider verscheuchen. Dann haben wir auf deren Bolzplatz trainiert. Der Platz war so uneben, dass du schon beim Geradeauslaufen aufpassen musstest, um dir keinen Bänderriss zu holen. Das waren wirklich katastrophale Zustände.

In Paderborn wird es doch bestimmt jemanden mit einem größeren Garten geben, mit einem gepflegten Rasen, ebenerdig, wo keine Hunde draufpinkeln, wo keine Kinder drauf spielen. Melden Sie sich bitte bei André Breitenreiter. Er wird sich freuen.

Dezember 13 2014

PETER NEURURER IST RAUS

#PeterNeururer #VfLBochum #ArminiaBielefeld #StefanEffenberg

Peter Neururer ist vom VfL Bochum wegen vereinsschädigendem Verhalten gefeuert worden. Das ist unvorstellbar. Er will das Ruhrstadion nie wieder betreten. Der Mann, der sagt, er ist auf Kohle geboren … Peter Neururer ist sicherlich ein Stück Bochum. Grönemeyer ist dort unerreichbar, aber Peter Neururer ist der Einzige in Sichtweite.

Wenn Peter Neururer wegen vereinsschädigendem Verhalten entlassen wird, dann habe ich wirklich Glück gehabt in meiner Karriere. Mich hätte man mit dieser Begründung jeden Monat entlassen können.

Ich habe zu meinen Vereinen irgendwann gesagt, dass sie sich meine Abmahnung einrahmen und in die Küche hängen können. Ich habe in meiner Wohnung gar keinen Platz mehr dafür, ich weiß gar nicht mehr wohin damit!

In Bochum haben einige schon vergessen, dass Peter Neururer der Retter in der Not war, wie schon so oft in seinem Leben. Er hat es geschafft, Bochum vor der dritten Liga zu retten.

Und der VfL Bochum ist gut beraten, Peter Neururer in die Hall of Fame aufzunehmen und mit ihm noch mal das Gespräch zu suchen. So können sie dort nicht auseinandergehen.

Angeblich soll Stefan Effenberg Neururers Nachfolger werden. Dann kann sich der Vorstand vom VfL schon mal warm anziehen.

Wenn ihr den so behandelt wie Neururer, dann gibt's auf die Fresse!

SCHIRI ZUR PK

#ErzgebirgeAue #EintrachtFrankfurt #HorstEhrmantraut

Tomislav Stipic ist Trainer von Erzgebirge Aue und er hatte eine merkwürdige Idee: Er möchte den Schiedsrichter demnächst bei der Pressekonferenz teilnehmen lassen. Seine Begründung: Ein Schiedsrichter hat zwei klare Elfmeter für Aue nicht gegeben.

Wo soll das enden? Demnächst will einer den Platzwart bei der Pressekonferenz haben, weil der Rasen zu hoch war?

Der Nächste will dann vielleicht den Busfahrer mit zur Pressekonferenz nehmen, weil der sich auf dem Weg zum Stadion verfahren hat? Es könnte bei Pressekonferenzen demnächst ganz schön eng werden, wenn es nach Tomislav Stipic geht.

Ich kann mich allerdings an einen Busfahrer erinnern, der bei einer Pressekonferenz richtig was zu erzählen gehabt hätte. Der wurde nämlich bei Eintracht Frankfurt von Horst Ehrmantraut während der Fahrt gefeuert. Es waren nur etwa zwei Kilometer vom Hotel bis zum Stadion und der Bus wurde auf dieser kurzen Strecke dreimal von einer roten Ampel ausgebremst. Horst Ehmantraut war außer sich: »Sie müssen doch wissen, wie die Ampeln stehen!« Ohne Scheiß, ich saß direkt hinter Ehrmantraut und wusste nicht, ob ich lachen oder weinen sollte.

Sind wir demnächst so weit, dass Borussia Dortmund seinen Motivationstrainer zur Pressekonferenz mitnimmt, weil ein Spieler, der fünf Millionen verdient und vor 80.000 spielen darf, nicht motiviert war? Irgendjemand findet immer was.

Demnächst kommt dann noch eine Spielerfrau auf die Idee, dass sie bei der Pressekonferenz den Journalisten erklären will, dass Spielerfrau und Shopping auch ein Beruf ist!

Manchmal gibt es ja wirklich Schiedsrichter, die nach einer Fehlentscheidung zugeben, dass sie falsch lagen. Das ist ganz großes Kino.

Aber das wird bestimmt nicht während einer Pressekonferenz bei Erzgebirge Aue passieren. Wie stellt sich Stipic das vor? Da sitzt dann ein Schiedsrichter und sagt: »Ja, ich habe heute zwei klare Elfmeter nicht gegeben. Entschuldigung, ich hatte heute einen schlechten Tag, weil ich schlecht geschlafen habe und deswegen nicht ganz wach war.« Unvorstellbar. Dann ist Krieg!

Im Abstiegskampf liegen die Nerven manchmal blank und da kommen manche Trainer auf Ideen, die kein Mensch braucht.

EINWURF: HORST EHRMANTRAUT

Ansgar habe ich durch Spielerbeobachtungen kennen- und schätzen gelernt, er war ein Spieler, der auf dem Platz präsent war, einer, der durch seine Sprache und seinen Körper auf sich aufmerksam machte. Damals habe ich mich oft gefragt, wieso er bei seinem Können so häufig den Verein wechselt.

Horst Ehrmantraut während der Saison 1992/93 auf dem Meppener Trainerstuhl

Als ich dann hörte, dass er wieder wechseln wollte und schon auf dem Weg nach Zwickau war, um einen Vertrag zu unterschreiben, habe ich seinen damaligen Berater angerufen: »Sofort umkehren und nach Frankfurt zum Riederwald kommen. Den Mann brauche ich«, sagte ich ihm am Telefon. Und tatsächlich – Ansgar war bei mir. Er ist kurz vor Zwickau umgekehrt und nach Frankfurt gefahren.

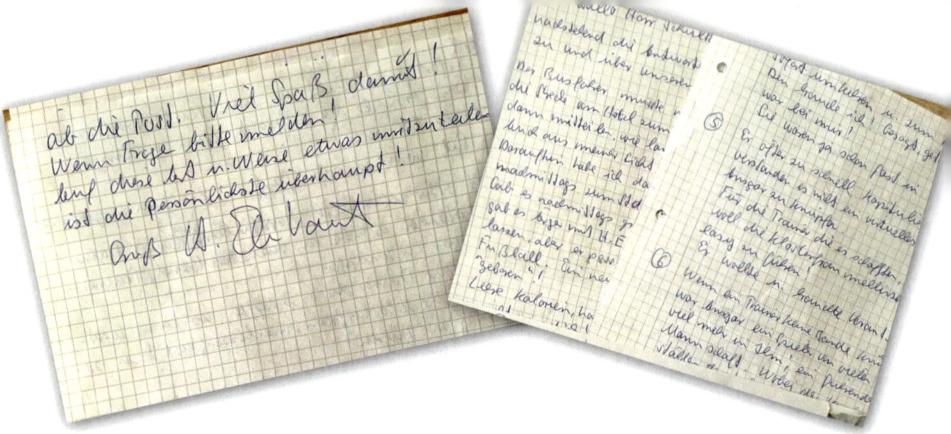

Es war zwar eine große Freude, mit Ansgar zu arbeiten, aber nicht immer lustig. Er ist wie ein spannendes Buch. Die meisten Trainer haben es nicht verstanden, einen guten Draht zu ihm zu bekommen. Für die Trainer, die das geschafft haben, war Ansgar dann aber so wertvoll wie Klosterfrau Melissengeist und easy zu führen. Er wollte und brauchte Verantwortung – so einfach war das.

Wenn man keinen Draht zu ihm fand, war Ansgar nur ein Spieler von vielen. Aber es steckte einiges mehr in ihm: Er konnte ein führender Kopf der Mannschaft sein, wobei er häufig mit dem Kopf und seinem stählernen Körper durch die Wand wollte. Heute sind Spieler wie Ansgar undenkbar, weil sich jeder Spieler in die Team-Gemeinschaft eingliedern und sich dieser unterordnen muss. Das entspricht einfach nicht Ansgars Welt.

Die immer wieder gern erzählte Geschichte mit der Entlassung des Busfahrers möchte ich an dieser Stelle richtigstellen: Den Busfahrer habe ich nämlich gar nicht entlassen. Das lief ganz anders ab: Er sollte am Morgen des Spieltags mit einer Stoppuhr die Strecke vom Hotel zum Stadion abfahren und mir die Fahrtzeit mitteilen. Auf diese Angaben musste ich mich verlassen, denn diese waren die Grundlage für den zeitlichen Ablauf und den genauen Abfahrtszeitpunkt zum Stadion. Und ich gebe zu: Immer, wenn es nachmittags zu großen zeitlichen Veränderungen kam, gab es Ärger mit mir. Ich habe ihn zwar nicht entlassen, aber er passte nicht ins Profigeschäft Fußball. Ein neuer Busfahrer wurde dann »geboren«.

April
18
2015

KLOPPOS RÜCKTRITT

#JürgenKlopp **#BVB** **#Mainz05**

Jürgen Klopp verlässt Borussia Dortmund nach einer legendären Zeit. Der Name Klopp steht in Dortmund für Kult, Erfolg, Energie, unbändigen Willen. Und jetzt sagt Kloppo, dass er nicht mehr der Richtige für diesen Verein ist. Das macht auch nicht jeder Trainer.

Nur wenige Trainer suchen bei Misserfolg die Schuld bei sich selbst. Für viele ist die Sonne plötzlich zu heiß oder der Rasen zu hoch – jedenfalls sind immer alle anderen schuld.

Jürgen Klopp ist da anders. Er macht von sich aus den Weg frei für einen Neuanfang.

Was wird jetzt aus Kloppo? Wird er Bayern-Trainer? Wird er Trainer der Nationalmannschaft? Geht er nach England? Oder macht er erst mal 'ne Pause?

Wenn ich Griechenland wäre, würde ich Jürgen Klopp verpflichten – als Staatschef! Der Mann ist prädestiniert für diese Aufgabe. Dortmund hatte keinen Cent mehr, als Jürgen Klopp dort Trainer wurde. Und jetzt macht der BVB Rekordumsätze. Also liebe Griechen, ich würde Jürgen Klopp verpflichten, dann geht es mit euch auch wieder finanziell bergauf. Der bringt den Laden wieder auf Vordermann.

Ich habe mit ihm in Mainz zusammengespielt und wir waren auch Zimmerkollegen. In meiner ganzen Karriere hat mich kein Spieler mehr beschimpft als mein eigener Mitspieler Jürgen Klopp. Ich habe das noch genau im Ohr: »Ansgar, lauf zurück, du Penner!«

Obwohl es Wichtigeres als Fußball auf der Welt gibt, hat es Kloppos Rücktritt auf die Titelseite jeder Tageszeitung geschafft. In England ist seine Pressekonferenz sogar live übertragen worden.

Gefühlt ist es noch gar nicht so lange her, dass Kloppo nachts um eins zu mir gesagt hat: »Ansgar, du Penner, mach jetzt sofort das Licht aus, sonst hau ich dir auf die Fresse! Wir spielen morgen gegen Meppen!« In der Zeit danach ist einiges passiert im Leben von Jürgen Klopp.

Die größte Werbung für uns Deutsche in England wäre, wenn Jürgen Klopp dort einen Topklub übernähme. Die gelbe Wand wäre dann bestimmt auch mal zu Gast auf der Insel – wenn sie denn genug Karten bekommt.

Jürgen Klopp macht inzwischen Werbung für den Deutschen Fußball in England. Beim FC Liverpool ist er drauf und dran, sich einen ähnlichen Kultstatus wie beim BVB zu erarbeiten.

Juli
04
2015

HITZE

#Trainingslager **#Frauen**

Hitze, Hitze, Hitze: Training bei 38 Grad im Schatten – das ist kein Spaß.

Die Leute sehen nur die 90 Minuten in der Bundesliga auf dem Platz, aber die Vorbereitungen kriegt kaum jemand mit.

Wenn es dann so heiß ist und du einen Trainer hast, der dich viermal 100 Meter im Höchsttempo laufen lässt, dann musst du aufpassen, dass du die Vorbereitungen überlebst.

Ich hatte mal einen Trainer, der hat bei 40 Grad im Schatten trainieren lassen. Das Programm war heftig – alle hatten Atemnot, verloren die Orientierung, also alles, was Hitze so an Symptomen hervorbringen kann.

Nach einem krassen Sprint denken alle, dass es das nun war. Dass es dann es nach Hause geht. Und der Trainer lässt sogar alle in den Bus steigen. Doch dann öffnet er die Bustür wieder und sagt: »Alle raus! Sprint! Von Eckfahne zu Eckfahne, jeder so schnell er kann.«

Wir waren vorher schon alle im Arsch. Nach den Sprints sind ein paar umgefallen. Die Physios mussten den einen oder anderen vom Platz tragen.

Die Begründung des Trainers für die Maßnahme war: »Jungs, ich wollte einfach nur mal sehen, auf wen ich mich im Abstiegskampf verlassen kann.« Dabei hatte die Saison noch gar nicht angefangen.

Am letzten Spieltag haben wir dann die Klasse gehalten. Im Nachhinein würde ich sagen: Trainer, alles richtig gemacht.

Das Schlimmste am Trainingslager bei extremer Hitze ist die geistige Verwirrung. Draußen gefühlte 50 Grad, du stehst zwei Stunden auf dem Platz, bist fix und fertig und froh, wenn du in dein Hotelzimmer kommst.

Weil es so heiß ist, haben natürlich auch alle das Fenster auf. Und so konnte die ganze Mannschaft die Telefonate eines Mitspielers mithören. Das erste führte er mit seiner Frau: »Hör mir jetzt zu, du hörst mir – wo bist du? Hör mir jetzt zu, bist du zu Hause? Verdammte Scheiße noch mal, ich trainiere hier. Ich reise morgen ab, scheiß aufs Trainingslager.«

Kurz darauf klingelt es wieder beim selben Mitspieler, und das Team bekommt erneut alles mit: »Hallo, Michaela, wie geht es dir? Na, mein Schatz, alles gut? Vermisst du mich?«

Die Frau des ersten Telefonats hieß allerdings anders. Die ganze Mannschaft hat vor Lachen fast geweint.

August 22 2015

»SONST HAU ICH DIR AUFS MAUL!«

#EmirSpahic #HSV #EintrachtFrankfurt #HorstEhrmantraut

Wir dachten ja alle, Emir Spahic hat aus seinen Fehlern bei Bayer Leverkusen gelernt. Da hat er sich noch mit Ordnern geprügelt. Jetzt spielt er für den Hamburger SV und soll zu seinen Mannschaftskameraden in der Kabine gesagt haben: »Ihr Pussys geht mir am besten alle aus dem Weg.« Und zu Lewis Holtby: »Halt die Fresse, sonst hau ich dir aufs Maul.«

Mann, Mann, Mann, der Junge soll Fußball spielen.

Früher hatten Mannschaften eine Hierarchie, da wurden solche Ausfälle dann intern geregelt, alles blieb in der Kabine. In Hamburg scheint das nicht zu funktionieren.

Wenn ein Spieler nicht richtig rund lief oder voll daneben war, hat man mal eben die Kabine abgeschlossen und ihm dann intern klargemacht, dass es so nicht weitergeht – um es mal ganz vorsichtig auszudrücken. Der eine oder andere ist dann auch mal gewürgt worden. Das hat dann geholfen.

Spahic hätten wir uns mit drei, vier Jungs geschnappt. Die Kabinentür wäre abgeschlossen worden, und wir hätten mal nachgefragt, ob er gerne kämpfen möchte, einfach, um mal zu sehen, was er so draufhat. Und danach wäre er auch wieder rundgelaufen.

In meiner Zeit bei Eintracht Frankfurt gab es auch mal richtig Stress in der Kabine, da ging es richtig zur Sache. Danach musste ich bei Trainer Horst Ehrmantraut antreten. Ich stand also in seiner Kabine. Ehrmantraut hat erst mal fünf Minuten kein Wort mit mir gesprochen. Ich hatte eigentlich damit gerechnet, dass ich zur Strafe zwei Wochen im Wald geradeaus laufen muss, eine hohe Geldstrafe zahlen muss oder so.

Doch nach fünf Minuten fragte er nur: »Wer hat gewonnen?«

Und dann hat er noch hinterhergeschoben: »Benehmt euch, wir sind Sportler, vertragt euch.« Am folgenden Tag ging es mit dem normalen Training weiter. So muss das sein.

Lieber Emir Spahic, sollte das mit dir nicht besser werden, komm ich mal nach Hamburg und mach mit dir ein Antiaggressionstraining.

Dafür bin ich genau der richtige Mann.

Oktober
17
2015

EFFE IN PADERBORN

#StefanEffenberg #SCPaderborn #Mainz05 #BorussiaMönchengladbach

Wenn ich in den letzten Tagen Nachrichten aus Paderborn gehört habe, dann bekam ich das Gefühl, dass Jesus in Paderborn eingetroffen ist.

Aber nein, es ist Stefan Effenberg!

Und bei seiner Vorstellung hat er erst mal richtig einen rausgehauen und sich mit José Mourinho und Jürgen Klopp verglichen:

»Der eine ist *the special one*, der andere ist *the normal one*, ich bin *the new one*«, hat Effe gesagt.

So ein Typ wie Effenberg tut der zweiten Liga natürlich unglaublich gut, weil er Glamour nach Paderborn bringt. Durch Paderborn fließt der kleinste Fluss Deutschlands. Das könnte zu Problemen führen, falls Effe versuchen wollte, dort die Queen Mary zu parken.

Wenn Claudia Effenberg in ihr Navi »Paderborn – Zentrum« eingibt und das Gerät ihr dann »haben wir nicht« sagt, kann es natürlich gut sein, dass sie wieder abreist.

Stefan Effenberg hat als erste Amtshandlung angekündigt, dass er Einzelgespräche mit den Spielern führen will, weil die Mannschaft kein Selbstvertrauen hat. Stefan Effenberg hatte als Spieler mehr Selbstvertrauen als eine komplette Weltauswahl.

Ich habe mit Mainz mal gegen ihn gespielt in Gladbach. Zur Halbzeit lagen wir vorn.

Im Gladbacher Stadion gab es einen Fahrstuhl, der vom Platz in die Kabinen führte.

Mein Mitspieler Abderrahim Ouakili hat den Fehler gemacht, dass er zur Pause allein mit Stefan Effenberg in diesen Fahrstuhl gestiegen ist. Er hatte im Fahrstuhl also ein Einzelgespräch mit Effe.

Ouakili kam danach ganz aufgeregt zu uns in die Kabine und hat gesagt: »Der Effenberg, der Effenberg, der hat mich gewürgt!«

Aber wie kann man auch so blöd sein und zu Stefan Effenberg in der Halbzeit, wenn sein Team hinten liegt, in den Fahrstuhl steigen?

Was macht Effe eigentlich in seiner Freizeit im erzkatholischen Paderborn? Er könnte doch mal beichten gehen. Das dürfte bei ihm auch mal etwas länger dauern.

Der Erzbischof würde ein paar Sachen hören, die er wirklich nicht für möglich gehalten hätte.

Februar
27
2016

EIN SPEZIELLER TYP

#RogerSchmidt #RudiVöller #BayerLeverkusen #SCVerl

Ansgar und Rudi Völler

Roger Schmidt, Trainer von Bayer Leverkusen, weigerte sich, nachdem er vom Schiedsrichter vom Platz gestellt wurde, auf die Tribüne zu gehen.

Der Schiedsrichter hat ihn mehrfach aufgefordert zu gehen. Schmidt hat die Gesten des Schiris angeblich nicht verstanden, obwohl der Schiedsrichter sehr deutlich war.

Was war los mit ihm? Das passiert, wenn sie dir als Kind die Spielsachen wegnehmen!

Rudi Völler ist daraufhin nach unten gegangen und wollte Roger Schmidt beruhigen und deeskalierend auf ihn einwirken. Dafür ist Rudi natürlich genau der richtige Mann.

Nach dem Gespräch mit Rudi Völler sah es so aus, als wollte Roger Schmidt sich bewaffnen.

Roger Schmidt war schon als Spieler speziell. Er war mein Kapitän beim SC Verl. Er hatte schon damals eine eigene Meinung, die er gnadenlos vertreten hat, wie wir alle gesehen haben.

Ich erinnere mich, wie wir mit Verl gegen Alemannia Aachen gespielt haben. In unserem Fanblock war nie was los. Da standen meistens nur drei Bauern mit zwei Treckern rum.

Deshalb habe ich vor dem Spiel zu Roger gesagt: »Wenn heute einer von uns beiden ein Tor schießt, dann laufen wir einfach in die Aachener Fankurve und jubeln! Das ist fürs Foto wesentlich besser!«

Und genauso haben wir's gemacht.

Ich kann aber auch irgendwie verstehen, dass Roger nicht vom Feld gehen wollte. Das passiert mir regelmäßig. Zuletzt erst im Stereo, das ist ein Club in Bielefeld.

Meine Freundin ist um zwei Uhr gegangen und ich wollte partout nicht nach Hause gehen und bin bis fünf Uhr dort geblieben.

Am nächsten Morgen bin ich in meiner Wohnung aufgewacht. Es sah total leer aus, weil so viele Sachen gefehlt haben. Ich wollte schon die Bullen rufen, bis ich festgestellt habe, dass nur die Sachen von meiner Freundin fehlten.

Es gilt also nicht nur für Roger Schmidt: Gehen, wenn es angebracht ist!

März
05
2016

EFFE IST RAUS!

#StefanEffenberg #SCPaderborn #Ahlen #Mallorca

Der SC Paderborn hat Stefan Effenberg entlassen. Präsident Wilfried Finke hat das in seiner Villa auf Mallorca entschieden. Als Begründung hat er angegeben, dass die Nebengeräusche von Stefan Effenberg zu extrem waren. Lieber Herr Finke, das ist ungefähr so, als wenn Sie Silvester Böller kaufen, die dann anzünden und sich wundern, dass die explodieren.

Stefan Effenberg kann durch eine Berührung alles anzünden. Und wer Möbelhäuser hat, der sollte ganz vorsichtig sein, wenn man so einen Mann verpflichtet. Aber jetzt so nachzutreten, und dann noch von Mallorca aus? Halleluja, Herr Finke.

Vielleicht war das für Stefan Effenberg aber auch ganz gut. Bei LR Ahlen gab es auch mal einen Präsidenten, der auf Mallorca lebte. Als es schlecht lief für Ahlen, hat dieser Präsident seinen Trainer Uwe Rapolder nicht per Telefon gefeuert, sondern zu sich in seine Finca auf Mallorca bestellt.

Kurz darauf war Uwe Rapolder wieder in Ahlen auf dem Trainingsplatz, mit blauem Auge.

Da hat Stefan Effenberg ja noch mal Glück gehabt. Oder der Präsident, man weiß es nicht. Es ist stillos, Effenberg von Mallorca aus per Telefon zu entlassen. Andererseits habe ich auch Verständnis für Herrn Finke. Wenn er ihn unter vier Augen rausgeworfen hätte, wäre das vermutlich gelaufen wie bei Mad Max in der Donnerkuppel: Zwei gehen rein, einer kommt raus. Und das wäre mit Sicherheit nicht Herr Finke gewesen.

Lieber Herr Finke, wenn in tausend Jahren mal einer nach Paderborn fragt, werden die sagen: »Stefan Effenberg war mal da.« Und auf Ihrem Grab steht: »Unbekannt verstorben«. Schönen Gruß nach Mallorca.

AUSTEILEN UND EINSTECKEN

#RogerSchmidt #BayerLeverkusen #Revierderby #JulianNagelsmann #TSGHoffenheim

Roger Schmidt, Trainer von Bayer 04 Leverkusen, ist mal wieder gesperrt, weil er seinen Kollegen Julian Nagelsmann an der Seitenlinie durchbeleidigt hat. »Was bist du denn für'n Spinner? Du glaubst wohl, du hast den Fußball erfunden. Halt doch einfach die Schnauze!«, hat Roger gesagt, und alle haben es dank Richtmikrofon mitbekommen.

Fußball ist Emotion und wenn ein Trainer, der so unter Druck steht, zu seinem Kollegen nicht mal mehr »Halt die Schnauze« sagen darf, ist das nicht mehr mein Fußball. Wir sind doch nicht in der Oper.

Während ich mal zu einem Elfmeter gegangen bin, kam ein türkischer Gegenspieler zu mir, ganz freundlich. Er sagte: »Ansgar?« Und ich frage: »Was willst du denn von mir?« Da sagt der: »Du Hurensohn! Das Ding geht im Leben nicht rein!« Da war ich baff. Habe ich das richtig verstanden? Dann hat er noch meine Mama beleidigt, was genau er sagte, lasse ich jetzt lieber mal weg.

Und dann musste ich den Elfmeter schießen … An den Pfosten habe ich den geballert!

Direkt danach hat der Schiri abgepfiffen – und ich habe mit dem türkischen Gegenspieler das Trikot getauscht. Wir haben uns in den Arm genommen – das ist Fußball. Da muss man auch mal einstecken können. Das ist doch normal.

Es muss natürlich immer fair bleiben, aber trotzdem gehören Emotionen und Beschimpfungen dazu. Schließlich geht es um viel.

Was passiert, wenn demnächst Dortmund gegen Schalke spielt und es richtig zur Sache geht. Wenn es dann auf die Socken gibt, soll ein gefoulter Spieler sagen: »Bitte beruhige dich doch mal. Wenn du das noch mal machst, dann hole ich meinen Anwalt?« Das geht doch nicht.

Wir alle wollen Spieler sehen, die Emotionen zeigen. Wenn man auswärts verliert, will ich auch in der gegnerischen Kabine mal wieder was kaputt machen dürfen. Also trete ich halt mal in die Tür, frei nach dem Motto: Ihr behaltet die Punkte, aber wir sorgen wenigstens für den Sachschaden.

Dann zahlen wir für den Schaden und stehen dafür gerade. Das ist Fußball.

WAYNE ROONEY WAR FEIERN

#WayneRooney **#JürgenKlopp** **#VfLOsnabrück**

Wayne Rooney, Topstar von Manchester United und Kapitän der englischen Nationalmannschaft, war feiern. Er war im Trikot bei einer Hochzeit und Augenzeugen haben berichtet, dass er den Saal nicht mehr alleine verlassen konnte. Aber wenigstens war er zu dieser Hochzeit eingeladen – immerhin.

Jetzt fordern englische Medien seinen Rücktritt, weil er sich im Nationaltrikot besoffen hat. Der Einzige, der ihm in dieser Medienschlacht zur Seite springt, ist Jürgen Klopp – ausgerechnet der Trainer von Uniteds Erzrivalen FC Liverpool.

Kloppo hat die auf der Insel erst mal geerdet, indem er ihnen ins Gedächtnis gerufen hat, dass viele Legenden von früher wie die Teufel gesoffen und wie verrückt geraucht haben.

Schön, dass Kloppo Verständnis für Wayne Rooney hat. Die heutige Generation Fußballer ist so diszipliniert, die musst du ja sogar zwingen, auf der Weihnachtfeier mal ein Bier zu trinken.

Wenn ich meine Spiele zusammenzähle, bei denen ich wirklich optimal vorbereitet war … An die kann ich mich alle erinnern. Das ist auch nicht schwer, es sind nämlich nur zehn.

Ich erinnere mich an ein Spiel mit dem VfL Osnabrück auf St. Pauli. Am Abend zuvor hat mein Mannschaftskollege Christoph Westerthaler zu mir gesagt: Ansgar, hier um die Ecke ist die Reeperbahn, da kennst du dich doch aus.

November
19
2016

Darauf habe ich geantwortet: Kein Problem, es ist jetzt 22 Uhr, ich rufe uns ein Taxi und dann zeige ich dir St. Pauli.

Kurz drauf standen wir beide im Osnabrücker Trainingsanzug auf der Reeperbahn, in der Nacht vor dem Spiel. Ich habe kurz nicht aufgepasst und Christoph war verschwunden. Angeblich hatte er sich verlaufen – in einem Laufhaus. Stunden später trafen wir uns in einer Kneipe zufällig wieder.

Um zwei Uhr nachts waren wir zurück im Mannschaftshotel und haben am anderen Tag 4:2 gegen St. Pauli gewonnen. Was lernen wir daraus?

Talentfreie müssen 20 Jahre Salat fressen, sonst fliegen die raus. Aber wenn du Talent hast, dann kannst du auch mal feiern gehen. Das ist eine ganz einfache Geschichte.

Ansgar wie immer im Mittelpunkt

Nachwort

Ansgars und meine Karriere haben sich ein bisschen überschnitten. Ich erinnere mich an ein Bundesligaspiel mit dem BVB gegen ihn und Arminia Anfang 2003. Es war das letzte Spiel, bevor ich an der Achillessehne operiert wurde und lange ausfiel. Das Spiel fand auf der Alm statt, Endstand 0:0. Ich musste in der Zeit beim BVB auf vielen Positionen ran, u.a. als linker Außenverteidiger. Und da bekam ich es direkt mit Ansgar zu tun. Wie das Ergebnis zeigt, haben wir uns damals mehr oder weniger neutralisiert. Ich erinnere mich auch an kleine verbale Scharmützel auf dem Platz. Das gehörte zur Spielweise Ansgars.

Ansgar auf dem Platz, das war entweder Genie oder Wahnsinn. An Tagen, an denen er gut drauf war, war er ein maximal unangenehmer Gegenspieler, der immer wieder in Dribblings ging und unerwartete Dinge machte.

Aber er hatte auch immer wieder Tage, an denen herzlich wenig ging. Und das zeichnet ihn auch ein bisschen als Persönlichkeit aus. Ein gewisser Fatalismus; nicht immer darüber nachzudenken, welche Konsequenzen seine Taten haben. Das machte Ansgar zu einem höchst amüsanten Typen.

Wenn ich mit jungen Spielern spreche, dann sage ich ihnen immer: Was von dir als Fußballer übrig bleibt, sind deine Erfolge. Es klopft dir nachher niemand auf die Schulter und sagt: Super, was du für tolle Verträge unterschrieben hast. Ich kann das jetzt drei Jahre nach meiner Karriere beurteilen. Da bleiben die Deutsche Meisterschaft 2002, die Zeit bei Real Madrid, der Pokalsieg 2011 und die WM 2006 übrig.

Oder aber du warst ein besonderer Typ, der als Persönlichkeit aus dem Einheitsbrei hervorsticht. Nicht alle finden Ansgar Brinkmann super und klatschen in die Hände, wenn er spricht. Er hat seine Mitspieler, Trainer und so manchen Vereinsverantwortlichen in den Wahnsinn getrieben. Aber Ansgar war und ist glaubwürdig und deswegen bei vielen Fußballfans heute noch extrem beliebt. Er ist meinungsstark, ehrlich, lustig und besitzt ein hohes Maß an Selbstironie. Vor allen Dingen lacht er über sich und seine Eskapaden! Damit können sich die Fußballfans identifizieren.

Preußen Münster ist unsere nächste Schnittmenge. Als Spieler habe ich Ansgar dort leider immer knapp verpasst. Er ist ein Phänomen: Ansgar hat in Osnabrück, Münster und Bielefeld gespielt. Wer die Gemengelage im Münsterland und Ostwestfalen kennt, der weiß auch, dass das echt 'ne Hausnummer ist. Ich selber habe diese Seitenwechsel im Ruhrgebiet bei Schalke und dem BVB selbst erlebt. Aber sich noch heute in diesem Bermudadreieck mit einer großen Selbstverständlichkeit zu bewegen, das ist schon außergewöhnlich. Egal ob in Osnabrück, auf der Alm oder im Preußenstadion: 99 Prozent der Fans klopfen Ansgar auf die Schulter – und das ist kaum zu glauben.

Ein solcher Spagat zwischen Vereinen, die sich nicht grün sind, ist extrem schwierig. Das war mir auch bewusst, als ich als ehemaliger Dortmunder bei Schalke unterschrieben habe. Das hat zu maximalem Liebesentzug auf schwarzgelber Seite geführt, und das erste halbe Jahr auf Schalke war unfassbar schwierig. Dass es so schwierig, zäh und anstrengend werden würde, hätte ich nicht gedacht. Umso erstaunlicher, dass Ansgar das gleich mit drei Vereinen geschafft hat, die sich nicht mögen. Da spielt auch der ihm gegebene Fatalismus eine Rolle. Ihm war das wahrscheinlich schlicht und ergreifend egal! Ansgar ist ein Typ, der sehr offen und klar auf Menschen zugeht, und sich dabei mit Sicherheit auch auf einige verbale Scharmützel eingelassen hat. Polemik hat viel mit Distanz zu tun. Und ich glaube, dass Ansgar mit seiner Spielweise, mit seinen Interviews, mit seiner Persönlichkeit, seinen Späßen relativ schnell Vorurteile abgebaut hat. Er hat Nähe zu den Menschen hergestellt.

Heute würde ein Typ wie Ansgar ein Nachwuchsleistungszentrum wahrscheinlich nicht überleben. Die meisten Jungs entscheiden sich im Alter von 12 oder 13 Jahren gemeinsam mit ihren Familien für eine »Ausbildung zum Profifußballer«. Und nicht selten geben auch Eltern ihre berufliche Existenz für ihre talentierten Söhne auf und setzen damit wirklich alles auf eine Karte. Es gehört neben vielen anderen Faktoren ein großes Maß an Selbstdisziplin dazu, um sich in diesem Auswahlprozess gegen Tausende andere durchzusetzen. Ganz selten, »One in Million«, kommt auch mal einer als Quereinsteiger durch, der es über Umwege schafft. Zu unserer Zeit war das noch möglich, heute nicht mehr.

Christoph Metzelder, im März 2017

Hashtags

Peter Schultz bedankt sich bei:

Ansgar Brinkmann
Es ist nicht immer leicht, macht aber immer Spaß. Danke, mein Freund.

Jochen Rausch, Uli Krapp, Jutta Klotz,
Jens Walbrodt, Marc Heydenreich
Allen bei 1Live

Claudia Hartmann, Michael Dietz, Jürgen Mayer,
Ole Slink, Oliver Hugo

Lukas Podolski, Christoph Metzelder,
Reiner Calmund, Guido Schäfer,
Peter Neururer, Horst Ehrmanntraut, Hannes Linßen,
Christian Heidel, Heribert Bruchhagen

WDR Studio Bielefeld, Klaus Seiche,
Dirk Arnicke, Sven Christian Lay,
Anne Villinger, Martin Lappe

Ronja Stefan

Ihr habt alle auf eure ganz eigene Art dazu beigetragen, dass dieses Buch entstehen konnte. Mit Tipps, Rat und Tat, Zuspruch, Kritik, Verbesserungen oder einfach nur, weil ihr mir zugehört habt.
Danke!

Ansgar Brinkmann bedankt sich bei:

Danke, Peter!
Ohne deine Idee würde es den »Weißen Brasilianer« bei 1Live nicht geben. Ohne deine Empathie für Fußball und deine Montage jeder Folge wäre dieser Erfolg nicht möglich.
Es funktioniert nur im Team. Uns verbindet nicht nur Arminia und der Fußballzirkus generell, es ist eine Freundschaft entstanden, die uns eine Leichtigkeit bei der Arbeit gewährleistet.

Der »weiße Brasilianer« in Rio

Danke an die Jungs und Mädels im WDR-Studio Bielefeld, die immer ein Lächeln im Gesicht haben und dazu beitragen, dass technisch alles läuft und Peter und ich kreativ sein können.

Danke an 1Live, dass ihr Aktuelles und Selbsterlebtes schon so lange ertragt. Es macht sehr viel Spaß, ein sehr kleiner Teil von 1Live zu sein. Danke!

Am Schluss möchte ich Danke sagen für die 1Live-Krone, die es bald gibt. Ich habe mich jetzt jahrelang dagegen gewehrt … Aber okay, nach 20 Jahren Abstiegskampf (mein ganzes Leben fühlt sich an wie Abstiegskampf) freue ich mich auf meinen ersten Titel.
Danke!